Du même auteur, aux éditions Leduc.s

Mon cahier malin : super papa, mode d'emploi !, 2017.
Nouveau papa en 50 questions-réponses, c'est malin, 2016.
Mes petites recettes magiques asiatiques,
avec Alix Lefief-Delcourt, 2012.

Maquette : Groupe Maury
Illustrations : Delétraz (p. 119, 124-129), Fotolia

Huitième impression (février 2019)
29, boulevard Raspail
75007 Paris – France
ISBN : 978-2-84899-658-5
ISSN : 2425-4355

C'EST MALIN

XAVIER KREUTZER

DEVENIR UN SUPER PAPA

POCHE
LEDUC.S

À Alix, Nola et Tess,
les trois femmes de ma vie.

Sommaire

Introduction

Dans neuf mois, ou un peu moins, vous allez donc devenir P.A.P.A. Pincez-vous : eh non, vous ne rêvez pas, c'est bien la réalité ! Que vous vous y attendiez un petit peu (vous faisiez tout pour depuis quelques semaines ou mois) ou que vous tombiez complètement des nues (« Euh, tu peux répéter ? »), c'est une nouvelle qui va changer à tout jamais le cours de votre vie. Ou au moins celui des dix-huit prochaines années...

Il est donc normal que vous soyez en proie à des sentiments assez contradictoires : de la joie bien sûr, mais aussi un peu d'appréhension, d'inquiétude, d'angoisse, de peur... Sans compter toutes les questions qui se bousculent déjà dans votre tête : ce sera un petit gars ou une petite princesse ? et comment je vais faire pour assurer comme papa ? et va falloir que je change ses couches ? je pourrai toujours sortir avec mes potes ? et pour notre couple, ça va changer quoi ? et mon cabriolet, il va falloir que je le vende ?

Un seul mot d'ordre : on reste calme ! Vous avez neuf mois pour vous habituer à votre futur nouveau statut, pour trouver une partie des réponses à vos questions (même si vous allez apprendre l'essentiel « sur le tas », comme on dit) et pour vous préparer à devenir un super papa. Ça vous semble long ? Détrompez-vous : cela va passer très vite. Alors pas question de vous reposer sur vos lauriers : votre femme compte aussi sur vous pour l'aider, la soutenir, bref, l'accompagner dans cette fabuleuse aventure qu'est la grossesse, puis la maternité. Alors, prêt à endosser votre cape de super papa dès maintenant ?

On ne naît pas papa (et encore moins super papa !), on le devient. Dès que votre femme vous annonce qu'elle est enceinte ? Le jour de l'accouchement ? Quand votre enfant vous appelle enfin « papa » ? À chacun sa réponse. Mais en réalité, peu importe, devenir papa est un long cheminement... qui ne se termine jamais ! Et qui change la vie. Tant que vous n'êtes pas passé du côté obscur de la Force, vous ne pouvez pas imaginer à quel point votre quotidien va être chamboulé. Ne ménageons pas le suspense, j'ai décidé de tout vous dire dès maintenant en vous listant le meilleur et le pire de votre nouvelle vie de père. Une fois n'est pas coutume, commençons par le pire et finissons par le meilleur.

Top 10 des choses que vous ne pourrez plus faire une fois devenu papa (au moins au début...)

1. Faire la grasse matinée.
2. Sortir très, très tard le soir. Car le lendemain, c'est réveil à 7 heures, que vous vous soyez couché une heure avant ou pas.
3. Sortir à l'improviste pour aller au cinéma ou boire un verre avec votre chérie.
4. Aller au cinéma (tout court). Ou voir un spectacle. Ou boire un verre (encore). Ou dîner au restaurant.
5. Regarder un film en entier le soir. Il y a de grandes chances que vous ratiez le début. Et que vous vous endormiez avant la fin.

6. Buller devant la télé toute une journée.
7. Prendre un petit café en terrasse en lisant la presse. Tranquille.
8. Faire du shopping le samedi après-midi.
9. Partir en vacances façon routard. Avec juste une brosse à dents et deux tee-shirts de rechange.
10. Voir vos parents tous les six mois. À coup sûr, ils voudront voir leur petit-fils ou leur petite-fille plus régulièrement...

Top 10 des choses dont vous ne pourrez plus vous passer une fois devenu papa

1. Vous faire appeler « papa ».
2. Voir ses grands sourires le matin au réveil.
3. Jouer au foot ou faire de la balançoire avec lui/elle dans le jardin.
4. Vous balader main dans la main avec votre enfant.
5. Nettoyer ses moustaches de chocolat.

6. Admirer son regard ébahi quand vous l'emmenez au zoo pour la première fois.
7. Partager le bisou du soir.
8. Le/la voir passer la porte de l'école en se retournant, la larme à l'œil, pour vous dire au revoir.
9. Le/la consoler avec un gros câlin quand il/elle a perdu son ballon ou son doudou.
10. Prendre votre enfant dans vos bras pour monter le coucher alors qu'il s'est endormi sur le canapé.

PARTIE I

Neuf mois à attendre...

CHAPITRE I

Mon pense-bête malin

Formalités administratives, examens médicaux en tout genre... les neuf prochains mois vont être rythmés par une série de rendez-vous divers et variés. Alors certes, tous ces examens peuvent théoriquement se dérouler sans vous. Mais il y a certains événements à ne pas rater, et on parie que vous ne les rateriez pour rien au monde ! La découverte des premières images de votre bébé ou l'annonce de son sexe (si vous voulez le connaître avant la naissance) sont des moments qui se partagent à deux. Sans oublier quelques paperasses à remplir, dont vous pouvez vous charger. Pour être sûr de ne rien oublier, et tout maîtriser comme un chef, on vous a préparé un pense-bête malin.

Les principaux rendez-vous à noter dans mon agenda

La date de l'accouchement

Commençons par... la fin (de la grossesse) ! Qui n'est en fait que le début (de votre nouvelle vie). On parle bien sûr du jour de l'accouchement et de la naissance de votre bébé. Bref, dans neuf mois, vous allez changer de statut et devenir père. C'est le premier (et le principal !) rendez-vous à noter dans votre agenda. La question de savoir si vous allez assister ou non, en chair et en os, à l'accouchement se posera ensuite... Pour l'instant, il faut que vous vous mettiez tout simplement cette date en tête. Mais au fait, comment on la calcule, cette date ? Et comment peut-on être aussi sûr que ce sera ce jour-là, et pas un autre ? Voici les réponses à toutes vos questions.

- Vous savez parfaitement qu'une grossesse, ça dure environ neuf mois. Si vous voulez être encore plus précis, il faudrait plutôt parler en semaines : une grossesse « normale » dure donc en moyenne 39 semaines.
- Il vous arrivera d'entendre parler de « semaines d'aménorrhée » (SA) et non de « semaines de grossesse » (SG). Pour faire simple, quand on compte en SA, on ajoute 2 semaines car on

compte depuis le premier jour des dernières règles de votre femme et non pas depuis la date de conception.

- Cette durée est effectivement une moyenne, car votre bébé a de grandes chances de naître quelques jours ou semaines avant. C'est très courant et cela ne pose pas de problème spécifique ni pour la maman ni pour le bébé, tant que celui-ci n'est pas prématuré (s'il naît plus de 4 semaines avant le terme prévu).
- Il peut aussi naître quelques jours après le terme prévu. Encore une fois, cela ne pose aucun problème pour la santé du bébé ou de la maman, tant que cela ne dépasse pas les 4 ou 5 jours de retard. Mais dans le cas où l'attente se prolonge trop, le médecin pourra décider de déclencher l'accouchement pour ne pas mettre en danger la vie du bébé.
- La date de l'accouchement est donc *théorique* à ce stade.
- Cette durée de neuf mois est divisée en 3 grandes périodes de trois mois chacune. On parlera donc communément de premier trimestre (de la conception à la fin du 3e mois de grossesse), de deuxième trimestre (du début du 4e mois à la fin du 6e mois) et enfin de troisième trimestre (du début du 7e mois au jour J).

Ma mission de super papa :

✓ **J'écris en rouge sur mon agenda ou dans mon smartphone la date théorique de la naissance de mon enfant.** Cela me permettra :

– de ne pas oublier cette deadline importante. Et de montrer que je maîtrise le sujet sur le bout des doigts quand tous mes potes me demanderont : « Alors, c'est pour quand ? » ;

– de m'organiser en fonction de cette date. Par exemple en évitant de prévoir des vacances au ski avec mon meilleur ami dans le mois qui précède ou qui suit cette date ou de m'engager à présenter les comptes de la boîte lors de la réunion annuelle des actionnaires.

✓ **Je crée une alerte sur mon smartphone tous les mois, à la date anniversaire de la conception.** Histoire de ne pas oublier que le compte à rebours continue. Et passer pour le futur papa idéal quand je glisserai ce petit mot d'encouragement à ma chère et tendre : « Tu te souviens, c'était il y a tout juste 5 mois... Plus que 4 mois avant le jour J ! »

Les rendez-vous médicaux : je dois être présent tout le temps ?

Pendant sa grossesse, votre compagne devra se rendre à toute une série de rendez-vous médicaux. Pour vous, la question se pose donc naturellement : faut-il vraiment l'accompagner tout le temps ? Y a-t-il des rendez-vous où il est préférable qu'elle soit seule ou, au contraire, des moments à ne pas manquer pour un futur papa ? Ce petit tableau récapitulatif devrait vous aider à y voir plus clair.

Examen	Date	J'y assiste ou pas ?
Le premier rendez-vous (gynéco, médecin, sage-femme...).	Dès le test de grossesse positif.	Ça peut être utile de vous y rendre pour poser toutes vos questions, parler de vos antécédents familiaux et soutenir votre compagne en tout début de grossesse, un moment important et aussi très nouveau pour elle.
Les examens de laboratoire (prises de sang).	Dès le début de la grossesse, et régulièrement tout au long des neuf mois.	Inutile de l'accompagner. Vous ne servirez pas à grand-chose, sauf si votre compagne tourne de l'œil à chaque fois et a besoin de vous pour la soutenir... et pour rentrer à la maison !

→

Examen	Date	J'y assiste ou pas ?
Les visites médicales prénatales (chez le gynéco ou à la maternité).	Sept sont prévues, soit une par mois à partir du 3e mois.	Votre présence n'est pas indispensable (mais sera certainement fort appréciée de votre compagne). Mais sachez que ces examens permettent de faire un point régulier sur le déroulement de la grossesse et la santé de votre bébé. C'est l'occasion aussi de poser toutes vos questions si vous en avez.
Les échographies.	Trois sont prévues : au cours du 3e mois, du 5e mois et au début du 8e mois.	À ne pas rater ! Ce sont les seules occasions de voir votre bébé avant le jour J. Ce sont aussi des check-up complets qui permettent de s'assurer que votre bébé va bien.
Le rendez-vous avec l'anesthésiste.	Au cours du 8e mois.	Inutile de l'accompagner, sauf si vos disponibilités le permettent.

Et en pratique, ça se passe comment si vous décidez d'assister à tel ou tel rendez-vous médical ?

Les rendez-vous chez le gynécologue ou la sage-femme

Dès que votre compagne sait qu'elle est enceinte (parce qu'elle a fait un test urinaire ou une prise de sang), elle va prendre rendez-vous chez son médecin, généralement le gynécologue qui la suit habituellement ou une sage-femme libérale. Et elle va sûrement vous demander si vous voulez venir avec elle. Vous n'avez jamais mis les pieds chez un gynécologue ? Rassurez-vous : c'est le cas de beaucoup d'hommes qui ne sont pas encore papas ! Vous n'êtes pas obligé d'assister à cette toute première consultation « officielle » de grossesse, mais la grossesse de votre compagne est peut-être pour vous l'occasion de le/la rencontrer enfin ? Voici les petites choses à savoir avant le rendez-vous...

• Il se déroule généralement en trois parties. Après les politesses d'usage, **le médecin posera quelques questions** à votre femme : date des dernières règles (c'est ainsi qu'il pourra par la suite vous annoncer la date de naissance théorique de votre enfant), antécédents médicaux et familiaux côté mère mais aussi côté père (c'est là que vous pourrez être utile!)...

- Ensuite, il passera à **l'examen médical** (tension, pouls, poids) **et gynécologique** (toucher vaginal, examen du col de l'utérus). Si cela vous met mal à l'aise, vous pouvez bien sûr quitter la pièce quelques minutes.
- Dernière étape : **la planification du suivi de grossesse,** avec tous les examens complémentaires à prévoir. Checkez votre agenda pour choisir avec votre compagne et son gynécologue des horaires et des jours où vous serez disponible à coup sûr. Ainsi, vous êtes certain, dès le début, de pouvoir assister aux rendez-vous importants. Et notez-les dès maintenant, bien entendu !
- C'est à ce moment-là, enfin, que vous pouvez **poser toutes les questions** qui vous trottent dans la tête : profitez-en ! (Demandez-lui au passage son avis sur le choix de la maternité.)

Les rendez-vous à la maternité

En fonction des cas, votre compagne fera ensuite son suivi de grossesse dans un cabinet privé (chez son gynécologue habituel ou une sage-femme libérale) ou bien directement à la maternité où vous vous êtes inscrits (voir p. 24). Parfois, c'est les deux si la maternité n'assure le suivi de grossesse qu'après le premier trimestre. Si vous le souhaitez, vous pouvez bien sûr l'accompagner à ces rendez-vous.

- Les consultations à la maternité se déroulent toujours selon le même schéma : **petit questionnaire général sur la santé de la maman et du bébé** (il bouge bien ?), **examen médical et gynécologique**, planification des examens à venir (là encore, vérifiez dans votre agenda quand vous êtes disponible) et questions diverses. Profitez-en pour poser toutes les questions qui vous trottent dans la tête, que ce soit sur la santé de votre femme ou de votre bébé, ou bien sur ce que vous pouvez faire quand votre femme a des contractions ou mal au dos. Ou encore sur votre rôle en pratique le jour de l'accouchement… même si vous n'en êtes qu'à 4 ou 5 mois de grossesse et que vous avez encore le temps de vous y préparer.
- Ces visites régulières à la maternité peuvent aussi être **l'occasion de vous familiariser avec cet endroit** où vous risquez prochainement de passer quelques longues heures. De repérer l'entrée des urgences (on ne sait jamais), les parkings et les petits troquets alentours, ainsi que les kiosques à journaux…

• Sachez également que certaines maternités organisent **des « visites guidées » pour les futurs parents** : chambres, salles de travail, salles de naissance... N'hésitez pas à y aller tous les deux. Vous pourrez ainsi bien repérer les lieux et vous sentir (un peu) moins perdus le jour J.

Qui choisit la maternité ?

C'est vous, les parents ! Aucune règle n'impose que l'accouchement se déroule dans la maternité la plus proche de chez vous (même si, dans les faits, il faut reconnaître que c'est le plus pratique). Vous avez donc toute liberté ! Plusieurs critères sont cependant à prendre en compte :

• **Public ou privé ?** La différence réside essentiellement dans le coût. Dans le public, tout est pris en charge, vous n'avez rien à débourser. Dans le privé, vous devrez sûrement assumer des dépassements d'honoraires, souvent prohibitifs. En retour, vous trouverez peut-être dans le privé un peu plus d'intimité (encore que...). Autre avantage : votre femme pourra être suivie par son gynécologue habituel et être accouchée par lui le jour J (à condition bien sûr qu'il soit disponible ! et qu'il exerce dans la clinique que vous avez choisie).

• **La proximité** est également un critère important. Pour éviter que votre femme ne fasse trop de kilomètres à chaque consultation de suivi, mais aussi pour vous faciliter la vie le jour J ! →

• Vous pouvez également vous renseigner avant sur **la réputation de l'établissement** et de l'équipe médicale, les pratiques médicales habituelles (taux de césariennes, de péridurales, d'épisiotomies – voir définition p. 101 –, etc.), la qualité des prestations hôtelières (chambres, repas, etc.)... Rien de tel dans ce cas que le bouche à oreille : n'hésitez pas à demander leur avis à d'autres couples de votre entourage qui ont accouché dans telle ou telle maternité. Vous pouvez également vous renseigner sur Internet : tapez simplement « guide des maternités » dans un moteur de recherche.

• **Si la grossesse présente certaines complications** (jumeaux, maladie chronique de la maman, antécédents, risque de prématurité...), vous serez peut-être orientés vers une maternité spécifique assurant un suivi particulier de ces risques.

• Attention, dans certaines grandes villes, **il ne faut pas tarder pour s'inscrire dans la maternité de votre choix**. Certaines sont prises d'assaut !

Les échographies

S'il y a bien un rendez-vous – ou plutôt trois ! – à ne pas manquer durant ces neuf mois, ce sont bien les échographies. Non seulement ce sont des échéances importantes pour faire le point sur le bon développement de votre enfant, mais ce sont aussi des moments très émouvants. Imaginez : vous allez enfin voir bouger votre enfant, vous allez entendre et voir son cœur battre, peut-être le verrez-vous sucer son pouce, peut-être même aurez-vous un petit aperçu de sa jolie frimousse... C'est déjà un vrai bébé qui grandit même si vous ne vous en rendez pas encore bien compte ! En général, c'est après la première échographie que la grossesse devient vraiment concrète pour les futurs papas, alors pas question de la rater !

- **La première échographie** se déroule au cours du 3e mois de grossesse. Elle permet de vérifier plusieurs données comme le nombre d'embryons (après tout, qui vous dit que vous n'allez avoir qu'un seul enfant ?), la vitalité du bébé (est-ce qu'il bouge bien ?), le terme, etc. Cet examen est également important, car il permet de détecter les éventuelles anomalies de développement, la plus importante étant la trisomie 21.
- **La deuxième échographie**, au cours du 5e mois, permet de vérifier le bon développement du bébé. Profitez-en : c'est la dernière fois que vous verrez votre bébé « en entier » avant la naissance (après, il sera trop gros à l'écran !). Le plus souvent, c'est lors de cet examen que le médecin peut vous dire s'il s'agit d'un garçon ou d'une fille ! (Voir encadré en page suivante.)
- **La troisième échographie**, au début du 8e mois, permet de vérifier la croissance et la

tonicité du bébé, et de déterminer comment il se présente : tête en bas (la position idéale) ou « en siège » (tête vers le haut). Une information importante pour l'accouchement, même si le bébé peut encore se retourner à ce stade de développement.

- **À ces trois échographies peuvent s'en ajouter d'autres,** prescrites dans certains cas particuliers. Par exemple en tout début de grossesse, quand le terme n'a pas été défini de manière suffisamment précise. Ou bien en cours ou en fin de grossesse pour vérifier le bon développement du bébé.

Fille ou garçon ?

- **Connaître ou pas le sexe du bébé ?** Lors de la deuxième échographie (et parfois même lors de la première !), le médecin vous demandera si vous voulez connaître le sexe de votre enfant. Autant vous être mis d'accord avant. Si votre compagne veut savoir et pas vous (ou l'inverse), il suffira d'en informer le médecin. Ensuite, à celui « qui sait » de ne pas faire de gaffe jusqu'au jour J !

→

• **Déçu par le « verdict » ?** Vous rêviez d'avoir un petit gars... et le médecin vous annonce que c'est une fille ! C'est la déception. Rassurez-vous, il est normal de ressentir ce genre de sentiments contrastés. Un bébé, ça se fantasme avant de devenir réel. On l'imagine comme ci ou comme ça, et dans la réalité, il est et sera tout autre. Vous le rêvez joueur de foot, il sera peut-être ingénieur (ou bien l'inverse). Ainsi va la vie de parents... Gardez surtout en tête que le jour où vous serrerez enfin votre petit bout de chou dans vos bras, peu importe que ce soit une fille ou un garçon, vous serez vite sous son charme !

Ma mission de super papa :

✓ **J'évite de mitrailler de questions le médecin qui pratique l'échographie.** Celui-ci a besoin d'un minimum de concentration pour vérifier de nombreux points, prendre des mesures... Je le laisse faire son travail tranquillement, sans l'interrompre. Je réserve mes questions pour après, une fois que l'examen est terminé.

✓ **Je me détends...** et j'évite de scruter le visage de l'échographiste à la recherche d'un rictus ou d'une absence de sourire qui indiquerait que mon bébé a un problème. Les échographistes sont des professionnels formés et aguerris qui font ce genre d'examens toute la journée : ils ne sont pas là pour s'extasier devant tous les bébés qu'ils examinent.

→

✓ **Je pense à apporter un DVD** sur lequel le médecin pourra enregistrer les premières images de mon bébé. Je peux aussi tout simplement filmer l'écran ou prendre des photos avec mon smartphone (mais il y en a généralement dans le compte-rendu). Dans les deux cas, il va sans dire qu'il est plus poli de demander d'abord l'autorisation du médecin.

Mon check-up de futur papa

La future maman n'est pas la seule à bénéficier de visites chez le médecin. Vous aussi, en tant que futur papa, avez droit à un check-up complet ! Ce rendez-vous est pris en charge par la Sécurité sociale, à condition de le réaliser avant la fin du 4e mois de grossesse. L'occasion de faire un bilan complet de votre état de santé, de pratiquer des examens de laboratoire complémentaires si nécessaire (comme le test du VIH par exemple)... et de poser toutes vos questions !

Les formalités administratives

Côté paperasse, vous n'avez rien de très particulier à faire en tant que futur papa... Et puis, reconnaissons-le, c'est souvent la future maman qui se charge des nombreuses formalités (auprès de la Sécurité sociale, de la CAF...) ! La seule démarche « spéciale papa » à faire est **la reconnaissance anticipée de l'enfant** si vous n'êtes pas mariés. Cette formalité, qui s'effectue avant la naissance, sert à reconnaître que vous êtes bien le père de l'enfant à naître. Pour la maman, ainsi que pour les couples mariés, cette reconnaissance se fait automatiquement. Pourquoi est-elle importante ? Parce que, dans le cas où il vous arriverait malheur avant la naissance (on ne vous le souhaite pas, bien sûr !), votre enfant aurait quand même un père légalement reconnu.

Ma mission de super papa :

✓ **Je me rends dans la mairie de mon choix** avec une simple pièce d'identité pour faire la reconnaissance anticipée. Aucun autre document n'est nécessaire, cette attestation sera faite immédiatement.

✓ **Je conserve précieusement ce document** que je présenterai lors de la déclaration de naissance, que celle-ci soit faite à la maternité ou en mairie.

✓ Cette formalité de reconnaissance de paternité n'est pas obligatoire avant la naissance, **je peux aussi la faire après l'accouchement**, au moment de la déclaration de naissance (dans les 3 jours).

Quand l'annoncer...

... à mes proches ?

Vous êtes trop content de devenir bientôt papa et vous avez envie de le dire à tout le monde ? Sachez qu'il est d'usage d'attendre **trois mois de grossesse** révolus avant d'annoncer la nouvelle au monde entier. Pourquoi trois mois ? Parce que, pendant le premier trimestre de grossesse, les risques de fausse couche sont plus élevés. De manière générale, les futurs parents aiment aussi attendre la confirmation que tout va bien lors de la première échographie, réalisée au cours du 3e mois, avant de l'annoncer. Mais **rien ne vous empêche d'en parler plus tôt aux personnes qui vous sont les plus proches**, comme vos parents, vos frères et sœurs, votre meilleur ami... Bref, à toutes les personnes avec lesquelles vous partagez habituellement vos joies mais aussi vos tristesses. Pour les personnes un peu moins proches, en revanche, rien ne presse : annoncez-leur quand le moment vous semblera opportun.

... à mon boss ?

Trois mois, c'est aussi souvent le bon moment pour l'annoncer à son patron. Même si rien ne vous oblige légalement à le prévenir x mois ou semaines à l'avance. C'est simplement **une règle de savoir-vivre**... et une manière d'introduire le fait que vous allez sûrement poser quelques demi-journées ou journées dans les mois qui viennent : pour accompagner votre femme aux échographies, pour le jour J... Profitez-en aussi pour lui annoncer au passage que vous souhaitez prendre votre congé paternité de 11 jours, si tel est le cas, afin que vous vous organisiez au mieux ensemble (voir p. 70).

CHAPITRE 2

Y a du changement dans l'air !

Elle n'est plus (tout à fait) la même, c'est normal ?

Impossible de prévoir, avant la grossesse, comment votre femme va vivre ces neuf mois. Si elle sera angoissée ou au contraire totalement zen, si elle vous fera tourner en bourrique ou bien si elle supportera avec bonne humeur les quelques difficultés de la grossesse... Petite revue de détail sur ce qu'il peut se passer.

Elle a envie de fraises en plein hiver

Tout d'abord, rassurez-vous : ce n'est pas parce que votre femme est enceinte que vous allez devoir vous lever toutes les nuits, en plein hiver, pour aller chercher des fraises à l'autre bout de la ville ! **Certaines femmes ont certes des envies alimentaires un peu farfelues, mais, pour la plupart, cela reste de l'ordre du raisonnable.**

Certaines ne jurent plus que par les plats très épicés, d'autres deviennent accros aux biscuits au chocolat, d'autres encore engloutissent un steak à chaque repas (alors qu'elles sont quasiment végétariennes le reste du temps)... Rien de très extraordinaire là-dedans. Selon certains médecins, ces envies irrépressibles seraient liées aux hormones. Certaines études scientifiques affirment, elles, que ces envies permettent aux femmes d'éviter les carences alimentaires (l'envie de viande rouge, par exemple, permet de prévenir le manque de fer).

Ma mission de super papa :

✓ **J'anticipe ses envies.** Si elle craque pour le chocolat (et seulement celui d'une certaine marque), je fais quelques provisions. Cela m'évitera des allers-retours...

Elle passe du rire aux larmes en deux secondes

Une petite remarque un peu acerbe de votre part et elle fond en larmes... Mais qu'est-ce qui lui arrive? Pas de panique, c'est tout à fait normal. Encore la faute aux hormones, qui créent une espèce de fragilité psychologique que vous ne lui connaissiez pas.

Ma mission de super papa :

✓ **Je la ménage !** Ce n'est pas vraiment le moment de lui faire remarquer qu'elle a des cernes sous les yeux ou qu'elle a de plus en plus de cheveux blancs. Au contraire, je lui fais des compliments sur ses nouvelles rondeurs, sur le fait que la grossesse lui va bien, qu'elle a un joli teint et un éclat particulier...

✓ **Je l'écoute.** Si elle ne veut pas regarder tel ou tel film (un peu violent), c'est aussi parce que, en ce moment, elle est plus fragile. Inutile donc d'insister ou d'essayer de la convaincre.

Top 5 des choses à ne pas faire avec une future maman

1. L'appeler « maman ». Style : « Hé, maman, tu veux manger quoi ce soir ? »
2. Lui tenir les cheveux quand elle vomit. C'est un truc intime, elle n'a pas vraiment envie de le partager avec vous.
3. Lui dire des petites phrases sympas du style : « Je croyais que la grossesse donnait de beaux cheveux... »
4. Lui faire des remarques sur ses « gros » seins. Ce n'est pas le meilleur mot à employer en ce moment.
5. Lui demander d'accoucher plutôt la semaine du 12, et pas celle du 19, réunion de boulot oblige. Si elle pouvait choisir, croyez bien qu'elle le ferait !

Elle est, reconnaissons-le, un peu pénible...

Elle s'emporte pour une paire de chaussettes qui traînent, râle quand vous rentrez avec 15 minutes de retard, s'énerve quand vous oubliez d'acheter le pain ou de reboucher le tube de dentifrice... Bref, elle se plaint beaucoup plus que d'habitude ! Ce sont les fameuses « sautes d'humeur », qui se manifestent bien sûr à des degrés divers selon les femmes.

Ma mission de super papa :

✓ **Je suis indulgent.** Et si je prenais d'un coup 12 ou 15 kg et que je passais mes matinées à vomir, est-ce que je n'aurais pas envie moi aussi de râler un peu ?

✓ **Je fais des efforts...** en ramassant mes chaussettes, en n'oubliant pas le pain... Bref, en essayant de supprimer au maximum tous les petits motifs d'énervement.

✓ **Je fais le maximum au quotidien.** Car cet énervement est souvent lié à un état de fatigue. La seule solution efficace pour prévenir les crises, c'est donc le repos !

Elle n'a plus de libido ou quoi ?

Toutes les futures mamans réagissent différemment sur ce plan-là. Pour certaines, pas question de faire l'amour pendant neuf mois (eh oui, il va falloir être patient !). Pour d'autres, heureusement, cela ne dure qu'un temps. Les motifs peuvent être assez différents : peur de faire mal au bébé, problème pour apprivoiser ce nouveau corps ou bien, tout simplement, absence totale de désir ! De votre côté aussi, les choses ne sont sûrement pas aussi simples que vous voudriez le croire. Vous aussi, vous allez vous poser tout un tas de questions. Vous pouvez même ressentir une certaine baisse de désir devant le corps de votre femme, que vous ne reconnaissez plus tout à fait : c'est parfaitement normal, et cela arrive à beaucoup d'hommes !

Ma mission de super papa :

✓ **Je la rassure.** En lui disant par exemple que ce n'est pas parce qu'elle a pris quelques formes que je ne la trouve plus jolie ou que je ne la désire plus.

✓ **Je vais à son rythme.** Inutile d'insister lourdement ! Et je reste patient : chez certaines femmes, le désir revient aux deuxième et troisième trimestres. Et il est même parfois décuplé ! Alors qui sait...

✓ **J'arrête d'angoisser moi aussi.** Faire l'amour n'est absolument pas dangereux pendant la grossesse, ni pour elle ni pour le bébé. Pas de quoi s'inquiéter !

Sexe et grossesse : des contre-indications ?

Si la grossesse de votre femme se déroule normalement, sans problème particulier, il n'y a aucune contre-indication majeure aux relations sexuelles. Par contre, si votre femme est dans la catégorie des « grossesses à risques », il est préférable de prendre un certain nombre de précautions. Ainsi, dans certains cas (risque d'accouchement prématuré par exemple), il peut être préférable d'éviter les relations sexuelles, car elles peuvent entraîner des contractions. En cas de doute, ou simplement pour vous rassurer, vous pouvez aborder ce point avec le gynécologue ou la sage-femme qui la suit si vous accompagnez votre femme lors de ses rendez-vous médicaux.

Moi aussi, la grossesse me perturbe !

Vous trouvez que, depuis qu'elle est enceinte, votre femme a changé. Mais, et vous ? n'auriez-vous pas, vous aussi, un peu changé ces derniers temps ? Depuis quelques semaines, vous vous sentez angoissé, irritable, vous avez des envies incontrôlées et vous avez pris un peu de poids ? **Vous faites peut-être ce que l'on appelle une**

« couvade », une sorte de grossesse au masculin. Rassurez-vous : vous n'êtes pas le seul ! Beaucoup de futurs papas manifestent également ces symptômes, à des degrés plus ou moins forts évidemment. Certains vont même jusqu'à prendre autant de kilos que leur femme, à souffrir de nausées matinales ou à ressentir des contractions au moment de l'accouchement. Dans tous les cas, inutile de s'inquiéter. Sur le plan médical, vous n'avez absolument rien à craindre. Cette « grossesse nerveuse » s'explique plutôt, selon les psys, par une empathie profonde vis-à-vis de la future maman. C'est donc plutôt une qualité...

Ma mission de super papa :

✓ **Si j'angoisse vraiment beaucoup, je n'hésite pas à en parler** à ma femme, à un ami, voire à un professionnel (un psy par exemple, ou bien mon médecin habituel). Il n'y a aucune raison d'avoir honte de ressentir ce genre de sentiments.

✓ Si j'ai des envies incontrôlées de fromage, de charcuterie ou de chocolat, **je veille à rester raisonnable**. Sinon gare à la prise de poids !

Et si je me rendais utile ?

Pour votre femme, la grossesse impose de prendre certaines nouvelles habitudes concernant l'alimentation, l'hygiène de vie... Pas toujours facile de comprendre pourquoi elle n'a plus le droit de manger de salade au restaurant ou pourquoi vous, vous n'avez plus le droit de fumer dans la maison ! Voici un petit cours de rattrapage spécial super papa et même plein d'astuces pour la soutenir ou la soulager au quotidien.

Petits maux de grossesse : je fais le max pour la soulager

La grossesse n'est pas forcément une partie de plaisir pour toutes les femmes. Il faut arrêter de croire que leur ventre qui s'arrondit les rend tellement épanouies et heureuses qu'elles en oublient tout le reste ! Et particulièrement les petits maux de la grossesse. Au menu des réjouissances : nausées, maux de dos, fatigue intense, crampes nocturnes, insomnies, petits problèmes digestifs... Tous ces désagréments ne sont pas graves en soi mais parfois très gênants. Heureusement, vous êtes là pour la soutenir psychologiquement et physiquement.

Ma mission de super papa :

✓ **Si elle a des nausées matinales,** je peux lui amener un petit quelque chose à manger avant qu'elle ne se lève (c'est efficace chez certaines femmes). Ou lui préparer un verre de jus de citron ou une infusion de gingembre (1 cuillère à café de gingembre frais râpé dans une tasse d'eau bouillante, à laisser infuser 10 minutes) : ce sont deux remèdes de grand-mère très efficaces.

✓ **Si elle est fatiguée,** j'essaie de la soulager au maximum au quotidien en faisant la vaisselle, la lessive, le ménage (allez, un petit effort !)... Je l'incite aussi à faire la sieste ou la grasse matinée de temps en temps. Et je lui prépare des plats équilibrés et vitaminés. Bref, je prends soin d'elle encore plus que d'habitude. En général, la fatigue va et vient au cours des neuf mois : très présente en début de grossesse, elle s'estompe pour revenir en fin de grossesse. Elle est liée à plusieurs facteurs : alimentation déséquilibrée, bouleversements hormonaux, insomnies, poids du bébé...

✓ **Si elle se réveille la nuit à cause de cauchemars,** je reste à son écoute, je discute avec elle, je la rassure. Et je lui conseille d'en parler avec son médecin ou un psy si ces cauchemars la perturbent vraiment trop. Les cauchemars sont en effet courants chez les futures mamans : ils permettent d'exprimer certaines angoisses enfouies.

✓ **En fin de grossesse, si elle a du mal à dormir, je peux décider d'aller passer la nuit... sur le**

→

canapé. Surtout depuis qu'elle m'a remplacé par son encombrant coussin de grossesse qui l'aide à caler son ventre ! Cela me permettra à moi aussi d'avoir plus de place et d'arriver enfin à fermer l'œil.

✓ **Si elle souffre de crampes nocturnes** (ça peut être très douloureux !), je l'aide à avoir moins mal et à se détendre. Si la crampe est localisée dans le mollet, je me mets face à elle, j'attrape son pied dans mes deux mains et je pousse tout doucement ses orteils vers elle pour étirer le mollet. Ou alors je lui prépare une bouillotte chaude, que je pose sur la zone douloureuse.

✓ **Si elle a des problèmes digestifs,** j'évite de cuisiner certains aliments difficiles à digérer, comme les crudités, les légumes secs, les choux, les fritures ou les plats trop épicés. Je l'incite aussi à manger lentement et à faire des petites balades digestives au grand air. Je peux aussi lui préparer des tisanes après repas pour l'aider à digérer.

✓ **Si elle a mal au dos,** je l'invite à se reposer un peu plus. Ou alors je lui propose d'aller à la piscine avec elle (la nage sur le dos est la plus recommandée dans son état).

Idée cadeau : le massage prénatal

Si votre femme aime se faire masser, voilà le cadeau idéal à lui faire : le massage prénatal. Adapté aux femmes enceintes, il va l'aider à se détendre, et peut même permettre de soulager certains petits maux spécifiques à la grossesse comme les douleurs au dos ou les problèmes de jambes lourdes. Renseignez-vous dans les instituts : bon nombre d'entre eux en proposent.

Je l'aide à manger plus équilibré (et j'en profite pour faire de même !)

Pendant sa grossesse, il est essentiel que votre femme se nourrisse correctement, aussi bien pour sa santé que pour celle de votre bébé. Mais cela ne signifie pas qu'elle doive manger deux fois plus. Il lui faut une alimentation équilibrée et variée, riche en fruits et légumes, produits laitiers, viande et poisson, céréales et légumineuses... Et si vous lui donniez un petit coup de main ?

Ma mission de super papa :

✓ **Je lui prépare des plats gourmands et équilibrés.** Surtout en fin de grossesse, quand elle sera de plus en plus fatiguée. Si je ne sais pas cuisiner, c'est peut-être le bon moment pour apprendre ?

→

✓ **Je veille à ce que le frigo soit toujours rempli d'aliments sains :** fruits et légumes, volaille, poisson, produits laitiers... Soit en faisant les courses régulièrement, soit en commandant des provisions sur Internet.

✓ **J'évite de la tenter en mangeant des aliments qui lui sont interdits,** comme les sushis ou certains fromages (voir la liste des aliments interdits ci-après).

✓ **J'en profite pour manger moi aussi de manière plus équilibrée et plus variée.** Des bonnes habitudes que l'on pourra même conserver tous les deux après la venue de Bébé !

Pourquoi certains aliments lui sont interdits ?

Certains aliments sont interdits à toutes les femmes enceintes pour éviter la listériose. C'est une maladie bénigne hors grossesse, mais qui peut se révéler problématique si elle touche le fœtus. Elle est due à une bactérie qui se développe dans les aliments crus comme :

- le poisson cru (sushis, carpaccios...), les coquillages crus, la viande crue et peu cuite (tartares, steaks saignants, carpaccios...) ;
- les poissons fumés (saumon, truite...) et les viandes fumées (bresaola, jambon cru fumé...) ;

- les charcuteries à la coupe : jambon, pâté, rillettes, foie gras... Préférez les produits préemballés sous vide ;
- les fromages au lait cru, le lait cru... Ils doivent toujours être pasteurisés : vérifiez-le auprès de votre fromager ou sur l'étiquette ;
- les œufs peu cuits (coque, mollet...) ou crus (comme les blancs en neige dans les mousses au chocolat maison).

Chez certaines femmes qui ne sont pas immunisées contre la toxoplasmose (une prise de sang indique si c'est le cas ou non), il y a des précautions supplémentaires à prendre pour éviter cette maladie. Celle-ci est causée par un parasite que l'on trouve essentiellement dans la viande et les fruits et légumes en contact avec la terre (carottes, salades, herbes...). Il faut donc veiller à bien faire cuire la viande et à bien laver les fruits et légumes. On évite également les salades composées au restaurant (car il n'y a aucun moyen de vérifier que les légumes ont été bien lavés). Et comme la toxoplasmose peut aussi se transmettre via les excréments du chat, ce sera à vous d'assurer le nettoyage de la litière jusqu'à l'accouchement, et même après si votre compagne allaite !

Combien de kilos va-t-elle prendre ?

Ne vous fiez surtout pas aux exemples des people qui ne prennent que 5 ou 7 kg lors de leur grossesse ! Cette « mode » est en effet très dangereuse pour le bébé, et pour la maman. Dans la réalité, certaines prennent 10 kg, d'autres 15, 20, 25 ou même plus. Tout dépend des femmes, et de leur corpulence de base notamment. Une seule chose est sûre : votre femme va prendre du poids, et il sera inutile de le lui faire remarquer toutes les deux minutes.

Pourquoi autant alors que le bébé, au final, ne pèse que 3 ou 4 kg ? Parce que, en plus, il faut compter le poids du placenta, celui de l'eau et du liquide amniotique, celui des petites réserves accumulées... Sans compter qu'elle va naturellement prendre quelques kilos, car elle bouge moins et mange un peu plus. Bref, la prise de poids est inéluctable. S'il n'y a pas de norme, les médecins conseillent toutefois de ne pas prendre trop de kilos : 12 kg serait une bonne moyenne.

Après l'accouchement, elle perdra rapidement ses premiers kilos de grossesse. Ensuite, il faudra plusieurs mois avant qu'elle ne retrouve sa ligne d'avant. Soyez patient !

Zéro alcool, zéro tabac : je la soutiens au quotidien

L'alcool et le tabac sont les deux principaux interdits de la grossesse. Ces deux substances passent en effet dans le placenta et peuvent « contaminer » le bébé avec, à la clé, de possibles retards de croissance. À vous de le lui rappeler quand elle est sur le point de craquer !

Ma mission de super papa :

✓ **J'évite de remuer le couteau dans la plaie** en achetant son vin préféré pour un dîner entre amis. Ou en me servant un petit apéro le soir en rentrant du travail, comme on le faisait de temps en temps avant.

✓ **Je ne la culpabilise pas** si elle boit une gorgée de vin ou trempe ses lèvres dans une coupe de champagne exceptionnellement. Inutile d'être plus royaliste que le roi !

✓ **Je deviens un pro des cocktails... sans alcool évidemment !** Car il y a mille et une recettes possibles : avec des fruits, des sirops, des eaux pétillantes... Je pense aussi aux alcools « sans alcool » (bière, vin pétillant, « champagne »...), qui peuvent faire illusion lors de certaines occasions.

✓ **Je compatis en adoptant les mêmes bons réflexes qu'elle.** Ou, au moins, en essayant de

→

réduire ma consommation d'alcool et de cigarettes. C'est le moment idéal, non ? Et on est toujours plus forts à deux pour prendre et respecter ce genre de décision.

✓ Si je ne suis pas prêt à arrêter de fumer, **je peux au moins faire l'effort de ne pas fumer devant elle** ni à la maison. Le tabagisme passif est en effet très mauvais pour sa santé et celle de notre bébé !

Comment arrêter de fumer ?

Vous avez pris la décision de profiter de la grossesse de votre femme pour arrêter de fumer ? Sage résolution ! Pour vous y aider, voici les méthodes les plus efficaces. À vous de choisir celle qui vous correspond le mieux.

• **La méthode classique :** les substituts nicotiniques. Patchs, gommes à mâcher et traitements médicamenteux ont fait leurs preuves.

• **La méthode incontournable :** la technique Allen Carr. Dans *La méthode simple pour en finir avec la cigarette*, cet Anglais livre des conseils simples, mais redoutablement efficaces. Un best-seller mondial.

→

- **La e-méthode :** les programmes sur smartphone (« J'arrête de fumer » avec Michel Cymès et La Mutuelle générale) ou sur Internet (« 15 jours pour me libérer de la cigarette », avec Jean-Michel Gurret, sur **www.aujourdhui.com**, rubrique « Je veux mieux vivre » puis « Arrêter de fumer ») offrent un coaching quotidien.
- **La méthode douce :** l'hypnose ou l'acupuncture ont des résultats étonnants. À tester !
- **La méthode « artificielle » :** la cigarette électronique. Elle est alimentée par un liquide et produit une vapeur qui ressemble à celle de la « vraie » cigarette. Le liquide peut être aromatisé et contenir ou non de la nicotine. Ses défenseurs affirment que c'est une bonne manière pour fumer sans risques, diminuer sa consommation et/ou pour arrêter de fumer complètement. Mais attention, une récente étude menée par le magazine *60 millions de consommateurs* affirme que la vapeur de ces cigarettes contient des « molécules cancérogènes en quantités significatives ». À utiliser avec précaution donc et, dans tous les cas, à ne pas conseiller à une femme enceinte.

Plus d'infos sur les différentes méthodes sur **www.tabac-info-service.fr**. Vous pouvez aussi appeler Tabac info service au 39 89 (0,15 euro/minute depuis un poste fixe, du lundi au samedi de 8 heures à 20 heures).

CHAPITRE 3

On se prépare ensemble à devenir parents

Neuf mois avant de devenir papa, cela vous semble long ? Vous allez voir au contraire que cela passe très vite ! C'est surtout une période privilégiée dont il faut profiter à fond avant la grande révolution. Et qui permet de se préparer à son rythme à toutes ces nouveautés. Ne passez surtout pas à côté de cette phase essentielle !

Moi aussi, je peux suivre des cours de préparation ?

Pendant la grossesse, votre femme a des rendez-vous réguliers chez son médecin, chez l'échographiste, à la maternité, au laboratoire d'analyses... Elle peut également suivre des séances spécifiques de préparation à la naissance, remboursées par la Sécurité sociale (même si de nombreuses femmes les zappent!). Outre l'aspect médical, toutes ces grandes échéances la préparent en douceur à l'idée qu'elle va bientôt être maman. Mais, et vous dans tout ça: qui va vous préparer au fait que vous allez bientôt devenir papa? Certes, vous pouvez accompagner votre femme aux rendez-vous médicaux et aux échographies (voir p. 19). Ce que l'on sait généralement moins, c'est que les papas peuvent eux aussi suivre des cours de préparation à la naissance. Oui, mais lesquels?

Les groupes de parole pour les futurs papas

Comme leur nom l'indique, ils sont réservés aux hommes, et uniquement aux hommes. L'avantage: vous pouvez y poser toutes les questions qui vous passent par la tête sur la sexualité, les nouvelles rondeurs de votre femme, votre angoisse de devenir papa, votre peur de l'accouchement... Le tout sans aucune gêne! Ces groupes sont généralement animés par des sages-femmes, des psys ou des gynécos (tous hommes, même les sages-femmes!). Malheureusement, ils sont encore assez rares en France. **Seules quelques maternités les proposent.** Il faut débourser en moyenne 30 euros pour une séance de 1 heure (non remboursés par la Sécurité sociale).

La visite de la maternité : à ne pas rater !

Les maternités organisent souvent **des visites des lieux avant l'accouchement**. Une bonne façon de se préparer tranquillement, de rencontrer le personnel médical et de prendre vos marques dans cet endroit où vous passerez bientôt un certain nombre d'heures... Renseignez-vous auprès de votre maternité si votre femme ne l'a pas déjà fait.

Les séances de préparation « classiques »

Si votre femme a décidé de suivre une préparation « classique », à la maternité ou chez une sage-femme, sachez que vous pouvez l'accompagner. Ces 8 séances (remboursées par la Sécu et gratuites pour vous) sont l'occasion d'apprendre plein de choses sur ce qui se passe réellement dans le corps de votre femme, sur les bons réflexes à adopter tout au long de la grossesse, le jour J et dans les semaines qui suivent la naissance de votre bébé (les soins à lui apporter, son alimentation...). **N'hésitez pas à y aller au moins une fois, pour voir à quoi cela ressemble.** Vous déciderez ensuite si ce genre de réunions correspond à vos attentes ! Sachez que ce sont des séances en groupe et que vous risquez donc peut-être de vous sentir mal à l'aise entouré de toutes ces femmes enceintes... Heureusement, les futurs papas sont de plus en plus nombreux à assister à ces réunions, et les sages-femmes qui les animent sont généralement très heureuses de les accueillir.

Les autres préparations

Il existe **quantité d'autres préparations spécifiques pour les futures mamans**, comme le chant prénatal (on vous jure que ça existe !), la préparation en piscine, la sophrologie... Toutes ces préparations sont très centrées sur la future maman, ses ressentis, et ne prennent pas vraiment en compte le papa. Inutile donc pour vous d'y assister. Et puis de toute façon, on doute que cela vous serve à quelque chose.

Seule exception : **le yoga prénatal**, où les futurs papas sont toujours les bienvenus. Ils peuvent en effet apprendre avec leur femme les bonnes positions qui soulagent lors de l'accouchement, et l'aider, le jour J, à les adopter.

La seule préparation spécifique qui se pratique en couple (et uniquement en couple, la maman ne peut pas y aller seule) est **l'haptonomie**. Le principe est d'aller à la rencontre du bébé, de communiquer avec lui via le toucher du ventre de la maman. Les avantages de cette méthode sont nombreux :

- Pour vous, c'est l'occasion de prendre enfin conscience qu'un petit être grandit dans le ventre de votre femme. Au fil des séances, vous allez le sentir remuer, et même, avec un peu de chance, vous allez pouvoir le faire bouger, en posant simplement votre main à tel ou tel endroit sur le ventre de votre femme.
- L'haptonomie permet également de vous préparer concrètement à l'accouchement : ce qu'il va se passer en pratique, quels sont les techniques et les petits exercices qui peuvent permettre de soulager un peu la douleur de la maman...
- Certains thérapeutes abordent des thèmes qui peuvent être très utiles aux jeunes parents : comment porter Bébé, comment gérer ses pleurs...

• Autre atout : ce sont des séances individuelles. Vous êtes tous les deux, avec l'haptonothérapeute (qui peut être une sage-femme, un psy...), et vous pouvez donc poser toutes les questions que vous voulez, sans gêne.

Si cette méthode vous intéresse, et si vous êtes à la recherche d'un praticien, renseignez-vous sur **www.haptonomie.org**. Sachez que ces séances sont remboursées par la Sécurité sociale quand elles sont pratiquées par un professionnel de santé.

Sentir Bébé bouger, un moment magique

En général, une future maman sent son bébé bouger à partir du 4e ou 5e mois de grossesse. Et même un peu plus tôt quand il s'agit d'une deuxième grossesse (ou plus bien sûr). C'est en général pour elle un grand moment d'émotion qu'elle veut à tout prix partager avec vous. Mais le temps que vous mettiez votre main, votre bébé a déjà arrêté de se manifester. Cela peut être frustrant, mais ne désespérez pas : vous allez y arriver ! En attendant, vous pouvez aussi stimuler votre bébé en lui parlant... même si vous vous sentez un peu ridicule, parfois, de parler à un ventre. À défaut de vous comprendre vraiment, votre bébé s'habitue au son de votre voix, et surtout à ses vibrations. Et avec un peu de chance, il va réagir et vous faire un petit signe !

Il faut qu'on en parle avant la naissance !

J – XX... le compte à rebours défile vitesse grand V. Il est temps de penser aux détails pratiques ! Car l'arrivée d'un bébé, ça va changer votre vie. Est-il encore utile d'ailleurs de vous le rappeler ? Voici un petit mémo des principaux thèmes à aborder ensemble avant le jour J.

« On l'appelle comment, ce bébé ? »

Le choix du prénom est un moment important dans le couple. Chacun arrive avec ses propositions, parfois diamétralement opposées, et il va falloir faire preuve de tact et de diplomatie car on ne pourra en garder qu'une ! Cela promet quelques discussions animées...

Ma mission de super papa :

✓ Les femmes sont généralement têtues dans ce domaine, mais je ne me laisse pas faire. **Je n'hésite pas à donner mon avis,** tout en restant ouvert à ses propositions à elle. J'adore Marie et Arsène mais, pour ma femme, c'est hors de question ? Pas grave, j'aurai quand même essayé (on ne sait jamais, ça aurait pu lui plaire !). Et puis, moi aussi, j'ai un droit de veto sur Danaé et Ethan.

→

✓ Je pense à **regarder les génériques des films et des séries** : cela donne pas mal d'idées !

✓ Si je suis en panne d'inspiration, **j'achète un livre de prénoms** (à moins qu'elle ne m'ait devancé, ce qui est très probable). Je peux cocher ceux qui me parlent le plus... Et partager ensuite ma liste avec elle.

✓ **Je n'oublie pas de prendre en compte l'association nom-prénom.** Il faut éviter les jeux de mots malheureux (comme Christophe Coulombs, Bill Bocquet...) ou les associations imprononçables ou à la sonorité trop dure.

✓ **Je propose que l'on prépare chacun de notre côté une liste avec 10 prénoms** qu'on aime bien. Même si THE prénom n'est pas dans la liste, cela peut donner une idée du genre de prénoms sur lequel on peut tomber d'accord : plus ou moins original, à la mode, désuet, classique, exotique...

Le top 20 des prénoms de l'année

Quelques pistes si vous cherchez l'inspiration et voulez lui donner un prénom « tendance »...

Chez les filles

- Emma
- Lola
- Chloé
- Inès
- Léa
- Jade
- Manon
- Louise
- Zoé
- Lilou
- Léna
- Sarah
- Camille
- Maëlys
- Lina
- Eva
- Louna
- Clara
- Alice
- Romane

Chez les garçons

- Nathan
- Lucas
- Léo
- Enzo
- Louis
- Gabriel
- Jules
- Timéo
- Hugo
- Arthur
- Ethan
- Raphaël
- Maël
- Tom
- Noah
- Mathis
- Théo
- Adam
- Nolan
- Clément

Source: L'Officiel des prénoms 2013, de Stéphanie Rapoport, éditions First.

Et le nom de famille ?

Depuis quelques années, le nom du père n'est plus donné à l'enfant de manière automatique. Une loi datant de 2005 autorise en effet les parents à donner à l'enfant le nom de sa mère ou les deux noms (celui de son père et celui de sa mère) accolés dans un ordre ou dans un autre. Autant vous mettre d'accord avant ! En sachant que ce choix est irrévocable et que ce sera le même pour vos autres enfants, si vous en avez d'autres. En cas de désaccord entre les parents, l'enfant portera un double nom composé du nom de chacun de ses parents accolés selon l'ordre alphabétique : c'est l'une des nouveautés de la loi Taubira de mai 2013.

« On lui prépare sa chambre maintenant ? »

Votre femme a sûrement déjà sa petite idée en tête concernant la déco de la chambre de votre bout de chou. On parie qu'elle a même déjà repéré un petit lit à barreaux, ou fait le choix des couleurs pour les murs ou les rideaux. C'est normal car la déco, c'est souvent davantage une affaire de femme que d'homme, il faut bien le reconnaître. Quoi qu'il en soit, pas question pour vous de ne pas donner votre avis sur le sujet.

Ma mission de super papa :

✓ Si on a prévu de faire quelques petits travaux ou de repeindre la chambre de notre futur bébé, **je m'en occupe**. Pas question de faire travailler la future maman, et encore moins de lui faire respirer les odeurs de peinture. J'essaie de trouver du temps pour faire cela le plus tôt possible, afin de pouvoir aérer en grand la pièce avant l'arrivée du bébé.

✓ **Je me charge aussi de monter les meubles** (lit, armoire, étagères...). Si je ne suis pas bricoleur, je fais appel à un ami. Mais en aucun cas je ne laisse ma femme se lancer dans ce type de travaux.

✓ On veille tous deux à **ne pas transformer la chambre de Bébé** en parc d'attractions : c'est d'abord un endroit pour dormir et se reposer.

✓ **Je n'oublie pas que la naissance de mon bébé peut arriver plus tôt que prévu.** L'idéal est donc que la chambre soit prête avec un petit peu d'avance. Un mois avant le jour J, c'est parfait.

« Il a vraiment besoin de tout ça ? »

Lit, couffin, table à langer, poussette, transat, siège-auto, vêtements, couches, rehausseur, cuit-vapeur, chauffe-biberon... votre bébé n'a pas encore pointé le bout de son nez que votre compte en banque est déjà à sec. Eh oui, un bébé, ça coûte cher, inutile de le nier. Mais il faut savoir aussi que les marques sont là pour vous séduire et vous faire acheter plein de choses pas forcément indispensables. Pour éviter de vous faire avoir, voici une petite liste de ce qu'il vous faut pour commencer (le reste, on oublie! du moins pour le moment):

- **Pour le sommeil:** un lit à barreaux ou un berceau (mais un simple couffin ou la nacelle du landau peuvent suffire pour commencer si votre bébé dort à côté de vous), un matelas, deux alèses (protège-matelas), deux draps-housses, deux turbulettes (on en parlera p. 122), éventuellement un mobile musical.
- **Pour le change et l'habillement:** une table et un matelas à langer, des couches taille naissance, des cotons, un produit nettoyant pour le change (du liniment oléo-calcaire par exemple, trouvable en pharmacie et supermarché), une crème anti-fesses rouges, des bodys (à manches longues pour les débuts, et à manches courtes s'il naît à la saison chaude), des pyjamas, des chaussettes et un bonnet (même en été, car il aura besoin d'être bien couvert les premiers jours), et des petits vêtements (pas trop car on va sûrement vous en offrir plein!).
- **Pour le bain:** une petite baignoire, une ou deux grandes serviettes, un savon doux 2-en-1 (corps et cheveux), un thermomètre de bain.

• **Pour la promenade :** un porte-bébé/une écharpe de portage (on en parlera en détail p. 139) et/ou une poussette dans laquelle le bébé peut être allongé, une nacelle ou un siège-auto si vous avez une voiture, un sac (à langer ou « classique ») pour emporter le matériel de change.

• **Pour la nourriture :** des biberons et des tétines, quelques bavoirs, de l'eau minérale en bouteilles, du lait en poudre 1er âge, un chauffe-biberon si c'est l'hiver (le reste de l'année, l'eau peut rester à température ambiante).

Si votre femme a décidé d'allaiter, vous n'aurez pas besoin de matériel spécifique pour bébé.

Tout le reste, vous pourrez l'acheter par la suite... ou vous le faire offrir (pensez à ouvrir une liste de naissance en magasin ou sur Internet pour ne pas vous retrouver avec 5 turbulettes et 20 doudous) !

Vous pouvez décrypter ?

Il faut bien le reconnaître, les futures mamans sont souvent un peu mieux calées que nous sur le vocabulaire du matériel de bébé. Petite séance de rattrapage... →

- **La turbulette :** sorte de mini-sac de couchage, pour tenir Bébé bien au chaud la nuit (voir p. 122). Il existe également des turbulettes plus légères pour l'été.
- **Le transat :** fauteuil pour bébé. Il est réglable en fonction de l'âge de l'enfant : de la position totalement allongée, pour les plus petits, à la position quasi assise pour les plus grands (attention, passé un certain âge, il devient dangereux de l'y laisser car Bébé se redresse et peut faire basculer le transat ; cette limite d'âge est mentionnée par le fabricant). On le pose de préférence par terre, et pas sur un canapé ou une table, d'où il risque de tomber. On peut y installer Bébé dans la journée, en veillant toujours à bien l'attacher, mais on ne le laisse pas là pendant des heures, ce n'est pas l'endroit idéal pour le faire dormir.
- **La nacelle :** mini-lit de transport utilisable jusqu'aux 6 mois de l'enfant environ. Grâce à des systèmes de fixation, on peut s'en servir comme poussette (en la fixant sur un châssis) ou comme siège-auto super-confort pour les longs trajets. On peut aussi l'utiliser comme petit lit d'appoint quand on passe la soirée chez des amis par exemple.
- **La coque ou Maxi-Cosi :** petit siège qui sert à transporter le bébé dans une position semi-assise, sans le réveiller. Il peut se fixer sur le châssis d'une poussette ou être utilisé comme siège-auto pour les petits trajets, jusqu'aux 10, voire 13 kg de l'enfant environ.
- **Le lit parapluie :** lit pliant compact. Il se replie un peu comme un parapluie, d'où son nom.

« Euh, tu veux vraiment l'allaiter ? »

Parler de l'allaitement avec votre femme, cela vous semble bizarre ? Et en parler dès maintenant, avant la naissance, encore plus ? Détrompez-vous ! C'est un sujet essentiel que l'on peut tout à fait aborder ensemble avant l'arrivée du bébé. Votre femme va sûrement se poser la question à un moment ou à un autre de la grossesse, et ne croyez pas que cela ne vous concerne pas ! En tant que papa, vous avez vous aussi votre mot à dire, même si, reconnaissons-le, c'est votre femme qui au final choisit ou pas d'allaiter votre bébé. Il n'y a pas un choix meilleur qu'un autre, l'essentiel est que ce choix soit fait avec conviction et sans aucune pression. Chaque maman prend en effet sa décision en fonction de ses attentes personnelles, de son ressenti. Mais elle peut aussi avoir besoin de votre avis.

Ma mission de super papa :

✓ Si je ne sais pas trop quoi en penser, **je prends le temps d'y réfléchir un peu** (voir ci-après).

✓ **J'écoute ses arguments à elle, puis j'expose les miens.** Bref, on en discute ensemble dans le calme : mieux vaut que chacun sache exactement ce qu'en pense l'autre.

→

✓ **J'accepte sa décision finale,** sans lui faire de reproches ou de remarques déguisées par la suite. Car c'est elle et elle seule qui décide de ce qu'elle va faire de son corps ! Si elle a choisi d'allaiter, savoir que je la soutiens est important pour elle car, dans l'allaitement, il y a une grande part de psychologie.

L'allaitement au sein : comment me faire ma propre idée ?

Pas facile pour un futur papa de savoir d'emblée quel est son avis sur cette question. Voici quelques arguments qui peuvent vous aider à y réfléchir...

Les principaux arguments « pour » :

- L'allaitement est recommandé pour la santé du bébé, car les anticorps que la maman lui transmet renforcent son immunité.
- L'allaitement est également bon pour la maman. Cela lui permettrait de retrouver sa ligne plus vite ! C'est aussi un bon moyen de prévenir le baby-blues.
- Sur les plans financier et pratique, il n'y a pas mieux. Le lait de votre femme est gratuit et immédiatement disponible !

Les principaux arguments « contre » :

- En tant que papa, vous ne pouvez pas vous

rendre vraiment utile. Vous pouvez même vous sentir un peu exclu de cette relation privilégiée qui se noue entre votre femme et votre bébé lors des tétées. Alors qu'avec le biberon, c'est totalement différent : vous pouvez vous aussi le donner, et profiter de ces moments magiques.

- L'allaitement est fatigant pour la maman, et aussi très prenant. Et il est légitime de vous demander quand elle sera plus disponible pour vous, pour à nouveau partager une vraie soirée en amoureux par exemple...
- L'allaitement est souvent source de stress pour les jeunes mamans, qui ne savent pas toujours très bien si le bébé a suffisamment bu. Cela peut également être parfois douloureux.
- Enfin, pour certains papas, cela peut être un peu gênant de voir les seins de leur femme sous ce nouvel angle...

Ma mission de super papa :

✓ Que ma femme désire allaiter ou non, **la meilleure chose que je puisse faire est de la soutenir**. Cette décision est avant tout celle du couple.

✓ Si elle souhaite allaiter, **je peux l'aider la nuit, pour lui amener le bébé dans notre lit par exemple.** Pour que l'allaitement fonctionne, j'ai aussi mon rôle à jouer.

→

✓ Si elle ne souhaite pas allaiter, j'en discute avec elle mais **je ne la culpabilise pas.** Le lait infantile est de très bonne qualité et notre enfant peut grandir parfaitement dans ces conditions.

« Quoi, il va falloir que je change de voiture ? »

Vous allez devoir vous y faire : votre nouveau statut de papa impose quelques contraintes, comme celle d'abandonner votre véhicule de sport pour une voiture un peu plus, disons, familiale ! Bon, OK, il n'est pas impératif de passer tout de suite au break 8 places ou au monospace. Mais sachez que votre tout-petit n'aura beau peser que 3 à 4 kg, il va bientôt prendre toute la place dans la voiture. Que vous partiez pour une simple balade, un petit week-end ou un grand voyage, il vous faudra **un coffre assez grand** pour y caser la poussette, le lit parapluie, le sac à langer, la valise de bébé... sans compter vos affaires à vous ! Sur le siège arrière, il vous faudra installer une nacelle ou un cosy (pour les plus petits) et vous aurez de toute façon besoin d'un siège-auto jusqu'aux 10 ans environ de votre enfant ! Autant dire qu'une voiture deux places, c'est exclu. Et qu'une cinq portes, c'est quand même beaucoup plus pratique qu'une trois portes.

Siège-auto : comment s'y retrouver ?

Il existe différents modèles de sièges-autos en fonction de l'âge et du poids de l'enfant. Ils sont classés en plusieurs « groupes ».

Pour les tout-petits, choisissez un siège groupe 0 (de la naissance à 10 kg) ou groupe 0+ (de la naissance à 13 kg). Il peut s'agir d'une nacelle, à installer sur la banquette arrière, ou d'une coque (appelée aussi « cosy »), à installer dos à la route, voir p. 64. (Attention, si vous l'installez sur le siège passager avant, veillez à désactiver l'airbag auparavant.) Que vous choisissiez la nacelle ou le cosy, faites des pauses toutes les 1 h 30 pour prendre Bébé dans vos bras et le faire bouger un peu.

Pour les enfants de 9-10 mois à 3-4 ans, optez pour un siège du groupe 1 (de 9 à 18 kg).

Pour les enfants à partir de 3-4 ans et jusqu'à 10 ans, choisissez un siège du groupe 2 (15 à 25 kg) ou 3 (25 à 36 kg), aussi appelés « rehausseurs ».

À noter :

- Certains sièges-autos « couvrent » **plusieurs tranches d'âge**, par exemple ceux du groupe 0+/1 (pour les enfants de la naissance à 18 kg), du groupe 2/3 (de 15 à 36 kg) ou du groupe 1/2/3 (de 9 à 36 kg). Il vous faudra dans tous les cas acheter au moins 2 sièges pour votre enfant entre sa naissance et ses 10 ans. →

- Certains modèles sont **dotés d'une embase**, qui reste fixée sur le siège de la voiture. Il suffit ensuite de clipser ou déclipser la coque en fonction des besoins. Pratique quand on utilise la coque pour transporter le bébé de la voiture à la maison et/ou la poussette, et inversement.
- **Choisissez toujours un siège-auto homologué** afin de garantir le maximum de sécurité à votre bébé. Il doit porter la lettre E suivie d'un chiffre (qui indique le pays d'Europe où cette homologation a été faite).
- **Attention aux sièges-autos d'occasion.** Avant d'acheter, renseignez-vous sur son historique (depuis combien de temps sert-il, combien d'enfants a-t-il transportés, a-t-il subi des accidents ?) et assurez-vous qu'il est bien homologué (lettre E suivie d'un chiffre) et que le mode d'emploi est fourni avec.

« Je le prends quand, mon congé pat' ? »

Tous les jeunes papas ont droit à un congé paternité de 11 jours (18 jours si vous avez des jumeaux). Ce congé n'est pas obligatoire. En clair, vous n'êtes pas tenu de le prendre. Il s'ajoute aux 3 jours accordés par l'employeur pour la naissance et peut être pris à la suite de ces 3 jours, ou pas. Si vous comptez bien, cela fait au total quasiment 2 semaines de congé. Ne criez pas youpi trop tôt car si, en théorie, vous pouvez en profiter pour vous reposer et partir en vacances, en pratique, ce petit break sert surtout à vous habituer à votre nouveau boulot de papa. Et ce n'est pas de tout repos!

Ma mission de super papa:

✓ **Je préviens mon employeur** que j'ai l'intention de faire un petit break au moment de la naissance. Il faut le prévenir au moins 1 mois à l'avance, *dixit* la loi, mais ce n'est pas toujours évident car la date de l'accouchement est rarement connue de manière sûre et certaine avec autant d'avance (même en cas de césarienne ou de déclenchement programmé). Reste à compter sur l'indulgence et la compréhension de votre employeur si ce congé doit finalement être déplacé.

✓ **Je consulte ma convention collective** pour savoir si certains avantages supplémentaires sont prévus (jours de congé en plus, maintien du salaire...).

✓ **Je discute avec ma femme du moment le plus propice pour prendre ce congé,** dans les quatre mois qui suivent la naissance. En général, l'idéal pour vous comme pour elle correspond au retour à la maison. Vous aurez ainsi le temps de prendre vos marques tous les trois et pourrez soutenir votre femme, qui sera à ce moment-là sûrement bien fatiguée et/ou en plein baby-blues!

→

✓ **Je calcule bien mes 11 jours, car il s'agit de jours calendaires** (c'est-à-dire samedi, dimanche et jours fériés compris). En clair, il vaut mieux le faire débuter un mardi matin qu'un vendredi soir.

Congé paternité : ce que dit le code du travail

Le congé paternité est **ouvert à tous les salariés**, quels que soient leur contrat (CDI, CDD, temps partiel, intérimaire...), leur ancienneté et leur situation familiale (marié, pacsé, en union libre, divorcé...). Il est également ouvert aux demandeurs d'emploi.

- Pendant le congé paternité, **le contrat de travail est suspendu. Et donc le salaire aussi** (sauf si votre convention collective dit le contraire) ! En compensation, vous pouvez percevoir une allocation de l'Assurance maladie. Pour en savoir plus et calculer le montant de votre allocation, rendez-vous sur **www.ameli.fr**.

Renseignez-vous également auprès de votre mutuelle : certaines proposent une prime de naissance qui peut compenser en partie cette baisse ponctuelle de salaire.

« On le met en crèche ou chez une nounou ? »

Encore une bonne question à se poser avant la naissance ! Ne vous dites pas que vous avez le temps d'y penser, car plus tôt votre choix sera fait, plus vite vous pourrez agir et être efficace (les inscriptions, notamment dans les crèches municipales de certaines grandes villes, se font très tôt, au troisième mois de grossesse en général). Il faut aussi un peu de temps pour bien comprendre les subtiles différences entre assistante maternelle et nounou, pour comparer les prix de chaque option, les avantages et les inconvénients de chaque mode de garde… Bref, c'est souvent un vrai casse-tête !

En résumé, voici les principales solutions qui s'offrent à vous :

- **La crèche publique.** Dans certaines villes, il faut y inscrire son enfant très tôt, dès les tout premiers mois de grossesse. Si vous êtes vraiment motivé, pensez à relancer régulièrement les responsables en mairie, voire directement les directrices des crèches. Le prix dépend de vos revenus.
- **La crèche privée.** Elle fonctionne sur le même principe que la crèche publique, mais est gérée par un organisme privé. Là encore, les listes d'at-

tente sont souvent longues, donc mieux vaut se renseigner au plus tôt. Le prix dépend également de vos revenus (mais c'est généralement plus cher que la crèche publique). Le service peut également être différent : groupes d'enfants plus petits (micro-crèches), crèches « bio »...

- **La crèche parentale.** Elle est gérée par les parents. En clair, il vous faudra donner de votre temps, en général une demi-journée par semaine. Cela peut être assez contraignant... Quant au prix, il dépend toujours de vos revenus.
- **La halte-garderie.** Pratique pour l'accueil à temps partiel, par exemple deux ou trois demi-journées par semaine. Là aussi, les listes d'attente sont souvent longues. Le prix dépend des revenus.
- **La crèche d'entreprise.** Renseignez-vous auprès de votre DRH ou de votre CE : certaines entreprises proposent à leurs salariés ce genre de service. Mais il faut reconnaître que les crèches d'entreprises sont encore rares en France.
- **L'assistante maternelle ou la nounou à domicile.** Dans ce cas, vous devenez parents employeurs, avec toutes les contraintes que cela suppose (il faut faire les contrats et les fiches de paie, gérer les congés payés...). La principale différence entre l'assistance maternelle et

la nounou : la première accueille votre enfant chez elle, avec un ou plusieurs autres enfants ; la seconde travaille chez vous ou en alternance entre votre domicile et celui d'une autre famille, si vous êtes en garde partagée. Pour en savoir plus sur les subtilités de ces deux modes de garde, et calculer leur coût, rendez-vous sur le site **www.pajemploi.urssaf.fr**. Contrairement aux crèches, ce choix est très pratique si vous avez besoin d'une garde au-delà de 19 heures ou si vous avez des contraintes horaires particulières. En effet, avec les crèches, la flexibilité est rarement possible. À prendre en compte aussi : les enfants gardés en crèche sont plus exposés aux maladies car ils côtoient davantage de personnes.

PARTIE 2

Arrivée imminente !

CHAPITRE I

Bientôt le jour J !

Le temps passe très vite… Cela fait maintenant pas mal de semaines que votre femme vous a annoncé qu'elle était enceinte. Faites un calcul rapide : eh oui, le jour J approche. L'accouchement pourrait même arriver plus tôt que prévu, alors mieux vaut être prêt !

Prêts pour le top départ !

Si votre femme est du genre prévoyant, elle a sûrement déjà préparé sa valise de maternité avec les premières affaires de Bébé et ses affaires à elle (on conseille généralement de le faire un mois avant). Sur ce plan, faites-lui confiance : tous les bouquins et les sites sur la grossesse proposent des listes bien pratiques des indispensables à ne pas oublier et la maternité lui en a fourni une également ! Elle en a sûrement consulté plusieurs. Mais cela ne signifie pas que vous n'avez rien à faire, au contraire !

Ma mission de super papa :

✓ **Je m'assure que sa valise de maternité est bien prête,** et je me renseigne sur l'endroit où elle l'a rangée. Au moment venu, je n'aurais plus qu'à mettre la main dessus pour la déposer dans le coffre de la voiture. Une source de stress en moins le jour J !

✓ **Je m'assure également qu'elle a bien préparé tous les papiers qui lui seront nécessaires à la maternité :** carte Vitale, carte de mutuelle, résultats des examens médicaux, carte de groupe sanguin, carte d'identité, livret de famille... L'idéal est de tout ranger dans une petite pochette et de la mettre dans la valise.

✓ **Je pense aussi à préparer mes propres affaires :** une tenue de rechange, quelques magazines, une bouteille d'eau, quelques petites choses à grignoter, de la lecture... L'accouchement, surtout si c'est un premier, peut durer très longtemps (une bonne douzaine d'heures). Autant prévoir le coup !

✓ **Je peux aussi prévoir de télécharger quelques applis sympas** sur mon smartphone ou ma tablette tactile : jeux, journaux...

→

✓ **Je n'oublie pas d'emporter mon téléphone et/ou un appareil photo et/ou une petite caméra** pour immortaliser le moment. Sans oublier les chargeurs *ad hoc*. Ce serait trop bête de tomber en panne de batterie pile-poil au moment fatidique.

C'est le moment de partir… ou pas ?

J moins... plus beaucoup de temps ! Vous commencez à décompter les jours. Et sûrement à être de plus en plus angoissé : rassurez-vous, c'est normal, et votre femme est dans le même état que vous. Votre principale interrogation : comment saura-t-on que c'est le moment de partir à la maternité ? À l'approche de la date présumée de l'accouchement, il peut en effet se passer plusieurs petits « événements » annonciateurs. Tous ne signifient pas que la naissance est imminente, mais certains indiquent que les choses s'accélèrent. Voici un petit récapitulatif (à réviser plusieurs fois par semaine !).

Si elle vous confie : « Chéri, j'ai perdu le bouchon muqueux ! »

Pas la peine de prendre un air dégoûté (certes, le nom n'est pas très glamour, mais la nature est ainsi faite). Ni d'ailleurs de stresser ! La perte du bouchon muqueux n'est en aucun cas un signe d'accouchement imminent, puisqu'elle peut arriver plusieurs semaines avant le jour J. Le bouchon muqueux est une accumulation de mucus (substance gluante avec souvent un petit peu de sang) qui ferme le col de l'utérus. En fin de grossesse, celui-ci peut être expulsé, en partie ou en totalité. Cela ne remet pas en question le bon déroulement du reste de la grossesse. D'ailleurs, la plupart du temps, les femmes ne se rendent pas compte qu'elles perdent ce fameux bouchon.

Je fais quoi ? Si cela ne s'accompagne d'aucun autre « symptôme » (contractions rapprochées par exemple), rien !

Si elle vous dit : « Ouh là, là, je crois que je perds les eaux ! »

Dans ce cas-là, c'est une autre histoire. La perte des eaux annonce l'imminence de l'accouchement. Pas de panique toutefois, cela ne signifie pas que votre bébé va arriver dans la minute (en général, l'accouchement se déclenche spontanément dans les 24 à 48 heures). « Les eaux », c'est en fait le liquide amniotique contenu dans ce que l'on appelle « la poche des eaux », le milieu totalement stérile dans lequel évolue le bébé. La perte des eaux signifie que cette poche s'est fissurée ou rompue. Le bébé n'est plus à l'abri et le risque d'infection est important. Sachez que chez certaines femmes, cette perte des eaux passe inaperçue, ou survient au moment des contractions (quand vous êtes déjà en route pour la maternité).

Je fais quoi ? Je l'emmène sans tarder à la maternité, même s'il n'y a aucun autre signe d'accouchement imminent (contractions). Le tout dans le calme, bien sûr !

Si elle vous annonce : « J'ai des contractions... »

D'abord, on se rassure : ce n'est pas parce que votre femme a des contractions qu'elle va accoucher dans les minutes qui suivent. Tout au long de la grossesse, elle va ressentir des contractions, parfois jusqu'à une dizaine par jour. Celles-ci sont également de plus en plus fréquentes en fin de grossesse et en fin de journée, quand la fatigue commence à s'accumuler. Il faut donc s'y habituer !

Je fais quoi ? Tant que ces contractions sont isolées (une fois de temps en temps), irrégulières et peu douloureuses, je reste zen. Et j'incite ma femme à se reposer !

Si elle vous annonce « J'ai des contractions toutes les 10 minutes... »

On vient de vous l'expliquer : votre femme peut avoir des contractions tout au long de ces neuf mois, et c'est normal. Mais en fin de grossesse, celles-ci peuvent annoncer que les choses sérieuses commencent. Pour différencier les contractions « normales » des contractions annonçant l'accouchement, il existe plusieurs signes : si le travail a commencé, elles sont de plus en plus rapprochées, longues, intenses et douloureuses. Tous ces signaux sont réunis ? Préparez-vous ! Selon les professionnels de santé, le top départ pour la maternité est donné quand les contractions surviennent toutes les 5-10 minutes environ et durent depuis 1 h 30. Inutile donc de vous précipiter à la maternité tant que les contractions sont trop espacées. Si vous arrivez trop « tôt » à la maternité, on risque de vous refouler et de vous dire de rentrer chez vous. Un aller-retour pour rien !

Je fais quoi ? Je garde mon calme ! En attendant que les contractions deviennent plus régulières (je n'hésite pas à chronométrer !), j'incite ma femme à se détendre, à s'allonger ou à prendre un bain chaud. Je garde ma montre en main pour mesurer la régularité de ses contractions, et je finis les derniers préparatifs en attendant le signal du départ.

C'est le jour J... et RAS ! C'est normal ?

C'est le jour théorique de l'accouchement, et il ne s'est toujours rien passé ? Ne vous inquiétez pas ! Certaines femmes peuvent accoucher après le terme supposé, cela n'est dangereux ni pour elle ni pour le bébé. En général, les professionnels de santé se donnent une petite semaine maximum de marge (cela dépend des maternités). Une fois le terme dépassé, votre femme devra se rendre tous les jours ou tous les deux jours à la maternité afin de contrôler que tout va bien. Si nécessaire, l'accouchement pourra alors être déclenché. Et, quoi qu'il arrive, celui-ci le sera au bout de 7 jours maximum.

Je fais quoi ? Je reste patient, car c'est la dernière ligne droite. Je me tiens prêt : le travail peut commencer à n'importe quel moment ! Si je le peux, j'accompagne ma femme lors de ses tout derniers rendez-vous à la maternité.

Top 5 des choses à ne pas dire à une jeune maman sur le point d'accoucher

1. « Tu crois que ce sont de vraies contractions ? » Si elle vous le dit, croyez-la.
2. « Euh, t'es sûre que c'est vraiment le bon moment pour partir ? » On vient de vous expliquer quand il fallait partir, ou pas. Maintenant, c'est vous qui maîtrisez la situation.
3. « Tu y vas habillée comme ça ? » Elle ne se rend pas à une soirée branchée. Peu importe qu'elle soit en jogging ou pas coiffée. C'est la dernière de ses préoccupations.
4. « Tu sais où j'ai mis mon chargeur de portable ? » Ça aussi, c'est la dernière de ses préoccupations.
5. « Crie moins fort, tu vas réveiller les voisins ! » Elle fait ce qu'elle peut.

En route pour la maternité !

Cela fait plusieurs semaines que vous vous repassez ce scénario dans votre tête. Eh bien, c'est le moment de le mettre en pratique ! Normalement, tout est clair : vous avez repéré le trajet maison-maternité et l'entrée des urgences, vous savez où est rangée la valise de votre femme et avez préparé vos affaires, vous avez mis de l'essence dans la voiture, préparé une liste de numéros de taxis ou, même, d'ambulances privées... Tout devrait donc se dérouler au mieux.

Ma mission de super papa :

✓ **Je ne panique pas !** Votre femme est sûrement aussi tendue que vous (sinon plus !) alors inutile de lui rajouter une source de stress.

✓ Si je prends le volant, **j'essaie de rester concentré sur la route** (pas toujours évident avec une femme sur le point d'accoucher à l'arrière, ceinture bouclée bien sûr). Je reste prudent, et j'évite de griller les priorités ou les feux rouges. Ce n'est pas vraiment le moment d'avoir un accident !

Et si c'est une urgence ?

Parfois, un bébé peut arriver plus vite que prévu... Si tel est votre cas et que vous êtes pris au dépourvu, trop paniqué pour prendre le volant vous-même, vous pouvez **appeler le SAMU** (le 15 depuis un poste fixe ou le 112 depuis un portable) qui vous enverra une ambulance ou un véhicule en fonction du degré d'urgence. Et surtout qui vous parlera et vous conseillera sur ce qu'il faut faire en l'attendant. Évitez en revanche d'appeler les pompiers : ce n'est pas leur mission d'emmener une future maman à la maternité, sauf si elle vient effectivement d'accoucher.

CHAPITRE 2

Les choses sérieuses commencent...

Vous venez d'arriver sans encombre à la maternité ? Bravo ! Pas question pour autant de vous reposer dans un fauteuil : ce n'est que le début de l'aventure ! Désormais, vous êtes pris en charge tous les trois (votre femme, votre bébé et vous) par l'équipe médicale. Les sages-femmes et les infirmières sont habituées à voir débarquer des mamans au bord de la crise de nerfs et des papas paniqués : faites-leur confiance, elles vont s'occuper de tout ! Tout est sous contrôle : c'est le moment de faire retomber la pression, car vous en avez sûrement pour quelques heures...

Et si je ne veux pas assister à l'accouchement ?

Aujourd'hui, la plupart des papas choisissent d'assister à la naissance de leur bébé. Mais pour certains hommes, pas question de passer la porte d'une salle d'accouchement. Si tel est votre choix, mieux vaut en discuter avant avec votre compagne afin de ne pas la mettre devant le fait accompli le jour J. Quelles qu'en soient les raisons, vous avez tout à fait le droit de ne pas assister à l'accouchement, personne ne peut vous y obliger.

Un conseil toutefois : **ne restez pas trop campé sur vos positions**. Certains papas qui se sentent a priori incapables d'assister à un accouchement se révèlent bien plus courageux dans le feu de l'action. Dites-vous aussi que rien ne vous oblige à être présent tout au long de l'accouchement : vous pouvez sans problème assister au début, et quitter la salle de naissance dès que vous en ressentirez le besoin.

Accouchement par voie basse : les grandes étapes

L'accouchement peut se faire de deux façons : par voie basse (c'est ce que nous allons expliquer ici) ou par césarienne (voir p. 104). Pas question d'entrer toutefois dans les détails techniques d'un accouchement par voie basse (le plus courant).

D'abord parce que, si vous décidez d'y assister, vous allez le vivre en direct et vous apprendrez « sur le tas ». Et ensuite parce que chaque accouchement est différent : il n'y a pas de règle en la matière. Voici donc simplement quelques repères pour comprendre ce qu'il se passe... et être un papa efficace au moment où il le faut !

La « préparation »

Dès l'arrivée à la maternité, **votre femme va être prise en charge par une infirmière et/ou une sage-femme** pour les examens d'usage. Analyse d'urine, prise de la température et de la tension, pose d'une voie veineuse et du monitoring (pour surveiller les battements de cœur du bébé...), mesure de l'ouverture du col de l'utérus... En fonction des cas, elle pourra être installée dans une chambre ou bien directement en salle de naissance.

Vous pouvez décrypter ?

On vous explique en quelques mots le sens des principales phrases que vous pourrez entendre à la maternité... Histoire d'être sûr de ne pas rater un épisode.

- **« Le travail a commencé. »** Le travail désigne toute la phase avant l'accouchement proprement dit, depuis les premières contractions jusqu'à la naissance du bébé. Cela signifie simplement que votre femme a de vraies contractions qui entraînent l'ouverture progressive du col de l'utérus. Voir aussi p. 97.
- **« Le col est à 3 cm. »** Pour permettre la sortie du bébé, le col de l'utérus (c'est la porte de sortie) doit être ouvert. Cette ouverture se fait progressivement : on dit que le col se dilate. Cette phase peut durer plusieurs heures. Le col est totalement dilaté quand il est à 10 cm : le bébé est alors prêt à naître.
- **« Madame, vous voulez la péridurale ? »** Une fois le col suffisamment dilaté (5 ou 6 cm), une anesthésie locale peut être faite pour soulager votre femme. Celle-ci insensibilise uniquement le bas de son corps. Voir aussi p. 93.
- **« Monsieur, vous voulez couper le cordon ? »** C'est une question que l'on vous posera sûrement juste après la naissance de votre bébé. On vous parle ici du cordon ombilical, celui qui relie votre bébé à sa mère. À vous de choisir si vous voulez le faire ou pas. Voir aussi p. 98.

Le travail

Une fois votre femme installée dans sa chambre, ou en salle de naissance, commence une longue, très longue période qui dure plusieurs heures. **Les contractions vont se faire de plus en plus régulières et douloureuses** : c'est le signe que le col de l'utérus s'ouvre petit à petit afin de laisser passer le bébé. Une fois le col suffisamment ouvert, vient **le moment de poser la péridurale** (si votre femme a fait ce choix). Pour la plupart des femmes, c'est le mot magique ! Imaginez : en quelques minutes seulement, les douleurs s'envolent. Cette anesthésie locale insensibilise suffisamment le bas du corps pour permettre à la femme de ne plus souffrir. Si la péridurale est bien dosée, la femme conserve des sensations et est tout à fait à même de se mouvoir et de pousser pour expulser le bébé. La pose de la péridurale n'est pas douloureuse, car une première petite injection permet d'anesthésier la zone à piquer. Ensuite, le médecin sort une plus grosse aiguille pour injecter le produit entre deux vertèbres. C'est donc beaucoup plus impressionnant : le personnel médical vous proposera sûrement de sortir à ce moment-là et de revenir une fois la péridurale posée. Mieux vaut accepter !

Comment l'aider vraiment ?

Les futurs papas se trouvent souvent fort dépourvus quand il s'agit de soulager leur femme. Voici des petites astuces efficaces que vous pouvez tester pour l'aider :

- **La brumisation :** à défaut d'effacer sa douleur comme par magie, l'eau peut la rafraîchir et l'hydrater (car elle n'a pas le droit de boire). Soyez prêt à dégainer votre bombe d'eau (mais seulement quand elle le demande !).
- **Les massages :** entre deux contractions, massez-lui doucement le bas du dos. Vous pouvez aussi effleurer son front, ses cheveux, ses mains pour l'aider à se détendre. Le toucher a un pouvoir magique.
- **Les mots d'encouragement :** votre femme a besoin de votre soutien. Félicitez-la en lui montrant que vous êtes fier d'elle. Mais sans en faire trop !
- **Le « coaching » respiratoire :** si vous avez assisté aux cours de préparation à la naissance avec elle, vous savez comment faire. Si ce n'est pas le cas, rappelez-lui simplement de respirer calmement et profondément, afin de ne pas hyperventiler.

Ma mission de super papa :

✓ **Je reste à ses côtés** pendant la phase de travail (avant la péridurale). Et je me prépare à me faire écraser les doigts, enfoncer les ongles dans le bras... ou pas ! Chaque femme réagit différemment à la douleur, et il est impossible de prévoir comment la vôtre va se comporter en pareil moment. Un seul mot d'ordre donc : je réponds à tous ses désirs. Quitte à me faire traiter de tous les noms ! Si cela peut la soulager, je dois être prêt à me sacrifier un peu.

✓ Si ma femme a choisi la péridurale (environ 80 à 90 % des accouchements), et qu'elle fonctionne bien (ce qui n'est pas toujours le cas), **je peux en profiter pour faire une petite pause** (prendre l'air, grignoter quelque chose, boire un café...), si elle est d'accord bien sûr. Pour elle, cela peut être aussi l'occasion de se reposer un peu. Mais je n'oublie pas de revenir pour la dernière ligne droite : la naissance proprement dite ! Le personnel médical m'indiquera à quel moment revenir.

Ça va durer combien de temps ?

Un accouchement, surtout s'il s'agit d'un premier bébé, dure en général une bonne dizaine d'heures. Mais il n'y a pas de règle fixe en la matière ! Pour certaines femmes, cela ne prendra que 3 ou 4 heures. Pour d'autres, cela se compte plutôt en... journée(s) !

Top 5 des choses à ne pas faire pendant l'accouchement

1. Analyser le match de foot de la veille avec l'anesthésiste. Votre femme a besoin de savoir qu'il reste concentré sur son travail.
2. Envoyer des SMS à votre meilleur pote pour le tenir informé des derniers rebondissements du jour. « Son col est à 8 cm. » Pire, poster ces infos sur les réseaux sociaux. Elle préfère sûrement garder cela pour elle.
3. Soupirer en trouvant le temps long. Pour elle aussi, c'est long.
4. Vous mettre à deux centimètres de son visage pour l'encourager. Elle a d'abord besoin de respirer.
5. Lui demander quinze fois si elle a besoin de quelque chose. Si c'est le cas, elle vous le fera savoir.

La naissance

Une fois la péridurale posée (et à condition qu'elle fonctionne correctement), l'ambiance va changer du tout au tout en salle de naissance. Fini les cris, les pleurs et les insultes : votre femme va rapidement retrouver son calme. Il n'y a plus qu'à attendre la naissance, tranquillement. Plus que quelques heures (eh oui, ce n'est pas encore fini !) et votre bébé va enfin pointer le bout de son nez. Pendant toute cette dernière phase, le col de l'utérus continue de s'ouvrir et le bébé poursuit sa descente vers la sortie. Vient ensuite la dernière ligne droite : c'est à ce moment-là que l'on demandera à votre femme de pousser. Cela dure en général une trentaine de minutes.

Si votre femme a choisi de ne pas faire de péridurale, ou que celle-ci ne fonctionne pas bien, elle sentira tout ce qu'il se passe dans son corps. Autant vous dire que ce n'est pas une partie de plaisir pour elle. À vous de l'encourager et de la soutenir, même si elle continue à vous traiter de tous les noms ou à vous détruire le bras !

Ma mission de super papa :

✓ À tout moment, si je ne me sens pas très bien, **je n'hésite pas à sortir de la pièce pour prendre l'air quelques minutes** (ou plus). Le personnel soignant et ma femme ont autre chose à faire que de s'occuper de moi si je m'évanouis.

✓ **Je me mets à la bonne place** pour accueillir mon bébé. En face, sur le côté, derrière ? Je fais confiance à mon intuition... et à la sage-femme. Si elle sent que je suis prêt à tomber dans les pommes d'une minute à l'autre, elle me conseillera peut-être de rester aux côtés de ma femme, assis sur une chaise. Et non de me placer derrière elle pour tout voir !

→

✓ **Je peux prendre des photos ou bien filmer ce moment magique.** Le tout en faisant attention à ne pas gêner le personnel médical, et surtout en veillant à ménager ma femme, qui n'a pas forcément envie que l'on immortalise ses grimaces !

Couper ou non le cordon ?

La plupart des sages-femmes le proposent aujourd'hui aux jeunes papas... avec, il est vrai, plus ou moins de délicatesse : certaines vous mettent les ciseaux dans les mains sans même vous demander votre avis ! Mais sachez que rien ne vous oblige à pratiquer ce geste très symbolique (vous coupez le lien nourricier entre le bébé et sa maman). Quelle qu'en soit la raison, c'est un choix qui vous revient. Et personne ne vous en voudra si vous refusez.

Les premiers soins

Ça y est : votre bébé est enfin là ! La sage-femme le pose sur la poitrine de votre femme, et il s'y blottit, bien au chaud. Si la maman a choisi l'allaitement, le bébé peut être mis au sein tout de suite (cela dépend des maternités). Après ces longues heures de travail et de stress, la tension retombe d'un coup, comme par magie. Profitez à fond tous les trois de ce moment exceptionnel qui dure une trentaine de minutes, parfois plus. Car après, vient l'heure des premiers soins de Bébé. Il est emmené dans la salle d'examen toute proche. N'hésitez pas à accompagner l'infirmière. Votre femme, elle, reste en salle de naissance pour recevoir également des soins.

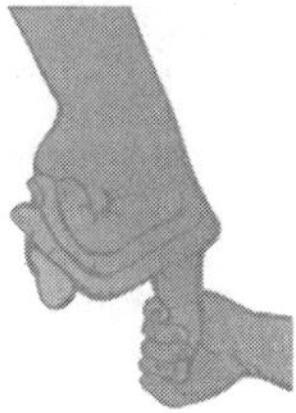

Demandez le « peau à peau » !

Les premiers câlins avec votre bébé ne sont pas réservés à la maman. Vous aussi y avez droit. Dans certaines maternités d'ailleurs, cela fait même partie du protocole des soins administrés au nouveau-né. Le principe est tout simple : il suffit de poser le bébé tout nu contre votre peau pendant une heure ou deux. Cela réchauffe le bébé et c'est une bonne façon de faire connaissance. Un moment émouvant et magique à ne pas rater.

Si votre femme a eu une césarienne, elle ne sera pas disponible dans les 2 heures qui suivent et ce sera donc à vous de faire le premier câlin le temps qu'elle soit prête (dès que les soins dispensés au nouveau-né auront été réalisés dans une salle annexe au bloc).

Ma mission de super papa :

✓ **J'accompagne l'infirmière qui va faire les examens à mon bébé.** Si je le veux, je peux le prendre dans mes bras, participer aux soins ou même filmer ce moment pour montrer ensuite ces premières images très émouvantes à la maman...

✓ Certains soins peuvent être impressionnants : manipulations pour dégager les bronches, sonde dans la gorge, gouttes dans les yeux... **Si je suis un peu sensible, je ne suis pas obligé d'assister à tout.** Je l'explique simplement à l'infirmière (qui a l'habitude de ce genre de réaction chez les jeunes papas).

✓ Après les soins, le bébé est habillé avec sa toute première tenue. Je m'assure de donner à l'infirmière ou à la puéricultrice le petit pyjama que nous avons choisi. Si je ne suis pas très à l'aise pour manipuler ce tout petit bébé, **je laisse faire la puéricultrice**, et j'en profite pour apprendre avec elle les bons gestes.

Quand ça se passe un peu moins bien que prévu...

Dans certains cas, l'accouchement ne se déroule pas aussi bien que ce que nous avons décrit ci-dessus. Tout d'abord, pas de panique : le personnel médical est habitué à gérer les imprévus, les petits soucis comme les gros problèmes.

Pour ne pas être pris au dépourvu face aux événements, voici un petit lexique des principales « complications ».

- **L'épisiotomie :** c'est une petite incision dans le périnée qui permet d'agrandir l'orifice par lequel le bébé doit sortir pour éviter que cela ne se déchire trop. C'est le personnel médical qui en prend la décision. Rassurez-vous : la maman ne sent quasiment rien (surtout si elle est sous péridurale) et elle est ensuite recousue. La cicatrisation, pendant les jours qui suivent l'accouchement, sera en revanche plus douloureuse.
- **Les forceps :** c'est une sorte de pince géante qui sert à faciliter la sortie du bébé. La sage-femme enserre la tête de l'enfant puis tire délicatement. Ne vous inquiétez pas : elle sait ce qu'elle fait, cela ne fait mal ni au bébé ni à la maman. Et ce peut être d'un grand secours quand le bébé est bloqué. Ne vous forcez pas à regarder cette manœuvre, car elle est souvent très impressionnante.
- **La ventouse,** ou *vacuum extractor* dans le jargon médical. On la place sur le crâne du bébé après l'avoir introduite dans le vagin de la maman. Elle permet de faciliter la progression de l'enfant vers la sortie en fléchissant légèrement sa tête. À la naissance, le bébé se retrouve

avec une bosse sur le crâne, mais rassurez-vous, elle disparaît en 24-48 heures maxi.

• **La césarienne « d'urgence » :** si le travail est trop long, que le bébé ou la maman montrent des signes de détresse cardiaque ou de fatigue, une césarienne peut être décidée au cours de l'accouchement. Voir p. 105.

Le retour dans la chambre

Une fois les soins réalisés, la maman et le bébé sont transférés dans leur chambre. Enfin un moment seuls tous les trois ! En fonction de l'heure, vous pourrez rester plus ou moins longtemps avec eux.

• **Si votre bébé est né le matin ou en début d'après-midi,** vous pourrez passer la journée (ou une partie de la journée) ensemble. Pensez toutefois à vous reposer un peu, et à laisser la maman se reposer aussi ! N'hésitez pas à rentrer chez vous quelques heures, au moins pour prendre une douche, vous changer, grignoter quelque chose (cela fait combien d'heures que vous n'avez rien mangé ?), voire faire une petite sieste.

• **Si votre bébé est né en fin de journée ou dans la nuit,** vous serez sûrement invité à rentrer chez vous après quelques heures. De nombreuses maternités n'autorisent pas les jeunes papas à dormir la nuit dans la chambre (sauf certains établissements privés, qui font payer un lit supplémentaire). Ce n'est pas plus mal, car vous avez tous besoin de vous reposer, vous, votre femme et aussi votre bébé. Après quelques heures de sommeil, vous serez plus en forme le lendemain pour partager une nouvelle journée riche en émotions.

Top 5 des choses à ne pas lui dire juste après l'accouchement

1. « Il est bizarre son nez, non ? » Les jeunes mamans sont un peu susceptibles juste après l'accouchement...
2. « Finalement, ce n'était pas si terrible. » Pour vous, peut-être. Pour elle, ça reste à voir.
3. « Il reste un 2ᵉ bébé ? Ton ventre est encore tellement gros ! » Non il n'y a pas de 2ᵉ bébé, il est tout à fait normal que ce volume, acquis en 9 longs mois, mette du temps à se résorber (de quelques semaines à plusieurs années selon les mamans).
4. « T'inquiète pas, toutes les mamans savent comment s'occuper de leur bébé. » Personne n'a encore prouvé que l'instinct maternel existait vraiment. Et vous êtes là, vous aussi, pour vous occuper de votre bébé.
5. « Tu vas pouvoir te reposer maintenant. » Rien n'est moins sûr !

Un papa dans le (premier) bain !

En général, on donne le premier bain à un nouveau-né le lendemain de l'accouchement. Ne ratez surtout pas ce moment magique, car c'est pour vous l'occasion de prendre les choses en main. Vous hésitez car vous avez peur de ne pas savoir comment faire ? Sachez que vous ne serez pas seul : une puéricultrice est là pour vous dire comment faire, quels sont les bons gestes à adopter... Vous constaterez que ce n'est pas si difficile, et vous pourrez ensuite reproduire ce que vous avez appris à la maison (voir p. 127).

La césarienne

Nous avons vu l'accouchement par voie basse dans la partie précédente, voyons maintenant ce qui se passe en cas de césarienne. Pour résumer cette technique en quelques mots, il s'agit de faire une incision de 10 cm dans le bas du ventre de la maman afin de sortir le bébé. C'est une opération chirurgicale à part entière, qui se déroule dans un bloc opératoire.

Deux cas de figure

La césarienne peut être :

1. **Programmée** (dans les deux tiers des cas de césariennes), la plupart du temps parce que l'accouchement par voie naturelle semble risqué : présentation du bébé par le siège, bassin de la maman trop étroit, naissances multiples... Parfois même, il s'agit simplement d'un choix que fait la maman. Dans les deux premiers cas (siège et bassin étroit), la césarienne est le plus souvent décidée lors de la troisième échographie, réalisée au huitième mois, qui permet de déterminer la position de l'enfant dans le ventre, et de mesurer le bassin.
2. **Décidée au cours de l'accouchement** (dite « césarienne d'urgence », vue p. 102), par exemple si le travail est trop long, « n'avance pas », que la maman et/ou le bébé montrent des signes de détresse cardiaque ou de fatigue.

Comment ça se déroule ?

Dans les deux cas, les choses se déroulent à peu près de la même façon. L'opération dure environ 1 heure au total.

- **Une anesthésie** péridurale est pratiquée (voir p. 93). Dans certains cas (notamment en cas d'urgence extrême), la césarienne se fait sous anesthésie générale.

- Après désinfection de la peau, le médecin incise l'abdomen, et **retire le bébé**.
- La peau est ensuite **recousue.**

Je peux y assister? La plupart des maternités le refusent car il s'agit quand même d'une opération chirurgicale! Vous serez donc invité à patienter en salle d'attente et on vous amènera votre bébé juste après les premiers soins (ce sont les mêmes que ceux qui sont prodigués lors d'un accouchement par voie basse, voir p. 98). Il arrive toutefois que vous soyez autorisé à rester près de votre femme, à côté de sa tête. Un drap vous cache alors à tous les deux le détail de l'intervention. Vous pouvez ainsi la rassurer et partager ce moment fort en émotions.

Et après ?

Pour la maman, les suites d'un accouchement par césarienne sont un peu différents.

- Après la naissance du bébé, elle reste **quelques heures en salle de réveil**, le temps de reprendre ses esprits et de recevoir les premiers soins.
- **Son séjour à la maternité** sera également un peu plus long: comptez entre 5 et 7 jours.

Ma mission de super papa :

✓ Même si je ne suis aux côtés de ma femme pendant l'accouchement, **je n'oublie pas que mon rôle est important** : je suis le premier à faire un gros câlin à notre bébé pendant que ma femme reçoit les soins après l'opération.

✓ Quand elle est de retour dans sa chambre, j'ai aussi un rôle important à jouer. Comme elle ne peut pas se lever ou se pencher pour attraper Bébé dans le berceau, **je l'aide pour prendre et recoucher notre enfant**.

✓ De retour à la maison, **je continue à la chouchouter encore plus**, car elle sera sûrement très fatiguée. La récupération est en effet plus lente que pour un accouchement par voie basse, et la cicatrisation est souvent assez douloureuse.

Trop de césariennes en France ?

Depuis quelques années, le nombre de césariennes explose : selon les chiffres de l'Institut de veille sanitaire, il a doublé en 25 ans et concerne aujourd'hui 1 naissance sur 5. Les raisons de cette recrudescence sont nombreuses : âge de plus en plus avancé des mamans, augmentation du nombre de grossesses gémellaires (notamment liées à un recours croissant à la procréation médicalement assistée), précautions excessives du personnel médical →

(pour éviter les complications, et les poursuites judiciaires !), césariennes de confort (autant pour la maman que pour le médecin, qui peuvent ainsi programmer cet événement dans leur agenda).

Mais il faut rappeler que la césarienne n'est pas un acte anodin. Comme toute opération chirurgicale, elle présente en effet des risques qui sont loin d'être négligeables pour la maman (risque d'hémorragie ou d'accident veineux, infection de la cicatrice, infection nosocomiale...) et pour le bébé (détresse respiratoire...). N'hésitez pas à en discuter avec votre femme et le médecin qui la suit pour en savoir plus.

Pendant son séjour à la maternité...

Tout seul à la maison...

Après ces heures intenses en stress et en émotions, le retour dans une maison vide, tout seul, vous paraîtra sûrement un peu bizarre. Vous ressentirez immanquablement des sentiments mélangés : euphorie, excitation, fatigue, inquiétude... Vous aurez peut-être envie de sortir fêter l'événement avec vos meilleurs potes ou, au contraire, de vous affaler dans le canapé et de ne plus bouger. Un conseil : **suivez votre intuition,**

mais surtout pensez à vous reposer! Vous ne ressentez peut-être pas la fatigue, mais celle-ci va vous envahir à un moment ou à un autre. C'est peut-être aussi l'occasion pour vous de profiter de la dernière vraie longue nuit de sommeil avant plusieurs semaines! Rechargez vos batteries, car les jours qui arrivent ne seront pas de tout repos. Et filtrez les appels sur votre portable pour ne pas être dérangé toutes les deux minutes par les félicitations des amis, voisins, cousins…

Mes visites à la maternité

En moyenne, une femme qui vient d'accoucher reste 4 jours à la maternité si elle a accouché sans problème par voie basse et 5 à 7 jours en cas de césarienne. Vous allez donc y passer un peu de temps vous aussi… Et votre femme comptera sur vous pour lui rendre quelques petits services. Un boulot à temps plein!

Ma mission de super papa :

✓ **J'assure la gestion des visites.** Tout le monde a envie de venir admirer la bouille de mon bébé (ça se comprend), mais c'est à moi de limiter les visites car celles-ci sont épuisantes pour ma femme qui a besoin de se reposer.

✓ **Je prends soin de ma femme** en lui apportant des magazines, des petites choses à grignoter (les repas des maternités sont rarement excellents !), des vêtements propres (pour elle ou pour le bébé)...

✓ **Je fais les courses s'il lui manque quelque chose :** des lingettes, une tétine pour le bébé qui n'arrête pas de pleurer...

✓ **J'assure l'intendance à la maison** (courses, ménage...) pour que tout soit prêt quand ils reviendront tous les deux (voir ci-après).

Besoin de petits conseils ?

Pendant leur séjour à la maternité, les jeunes mamans sont souvent conviées à des petites réunions de préparation au retour à la maison. De nombreux thèmes pratiques y sont abordés : comment bien nourrir Bébé, comment l'habiller, que faire s'il a de la fièvre, comment lui donner le bain... En tant que jeune papa, vous êtes bien ! →

sûr convié ! Informez-vous sur le jour et l'heure du prochain rendez-vous et arrangez-vous pour être présent. Vous y apprendrez plein de choses et surtout pourrez poser plein de questions. N'oubliez pas d'emporter un carnet pour prendre des notes

Préparer leur grand retour

Dans quelques jours, votre femme et votre bébé vont rentrer à la maison. Votre rôle : vous assurer que le petit cocon douillet est prêt pour ce grand jour.

Ma mission de super papa :

✓ **Je vérifie que tout est en ordre.** Je prends un moment pour tout checker : pas de chaussettes sales qui traînent, de vaisselle sale qui patiente dans l'évier, de poubelles qui débordent? Ce n'est vraiment pas le moment de laisser la maison en désordre...

→

✓ **Je checke aussi la chambre de Bébé :** son petit lit est-il prêt ? Il n'y fait pas trop chaud/trop froid ?

✓ **Je remplis le congélateur et les placards.** Les premiers jours, on n'aura pas vraiment le temps de sortir faire des courses ou de passer des heures en cuisine. On privilégie donc la simplicité, le vite-prêt et le « commandé-livré à domicile ». Et si ma femme rêve de sushis depuis neuf mois, pourquoi ne pas fêter son retour avec une petite soirée sushis ?

✓ **J'installe le siège-auto ou la nacelle dans la voiture,** si ce n'est pas déjà fait, pour ramener Bébé à la maison.

✓ **Je réserve à ma femme une petite surprise personnalisée :** un beau bouquet de fleurs, un produit de beauté, un petit plat maison… Elle le mérite bien !

PARTIE 3

Les premiers jours avec Bébé

CHAPITRE I

Bébé, mode d'emploi

Vous êtes partis à la maternité à deux, vous revenez à trois : cela fait une drôle d'impression, non ? Dans votre tête, les sentiments sont un peu mélangés : vous êtes sur un petit nuage (enfin papa, vous vous rendez compte ?), mais en même temps vous appréhendez un peu toutes les choses inconnues qui vous attendent. Rassurez-vous : c'est normal. Et comme on dit, vous allez apprendre sur le tas. De nombreux papas l'ont fait avant vous, et s'en sont sortis haut la main. Il n'y a pas de raison que vous soyez moins bon. Voici déjà des infos pratiques et les astuces utiles en cas de problème technique !

Le faire manger

Je fais quoi pendant qu'elle l'allaite ?

Cas numéro 1 : votre femme a choisi d'allaiter. C'est plutôt une bonne nouvelle pour vous : vous n'aurez pas grand-chose à faire. Et surtout, vous n'aurez pas à vous lever en pleine nuit (bon, OK, c'est un peu égoïste). Mais, dans la réalité, cela ne vous dispense pas de participer !

Ma mission de super papa :

✓ **Je la soutiens dans son choix.** Allaiter n'est pas toujours facile, surtout au début ! Entre la fatigue, les levers en plein milieu de la nuit, les doutes et les petits soucis d'ordre technique (ça peut faire très mal !), l'allaitement n'est pas toujours une partie de plaisir pour une femme. Alors à défaut de pouvoir donner moi aussi de mon corps, je la soutiens moralement. Et puis rien ne m'empêche de me lever en pleine nuit de temps en temps pour lui ramener notre bébé dans le lit. Au moins le week-end, je peux faire ce petit effort, non ?

✓ **Je ne culpabilise pas** et je ne jalouse pas cette relation exclusive maman-bébé, car je peux m'impliquer autrement : en donnant le bain, en lui faisant de gros câlins pour qu'il s'endorme, en le changeant...

✓ **Je veille à ce que ma femme mange varié et équilibré :** des fruits et des légumes, des protéines,

→

des produits laitiers... C'est important pour elle (pour lutter contre la fatigue) et pour notre bébé (pour qu'elle fabrique un « bon » lait). Alors je n'hésite pas à passer aux fourneaux.

✓ Si ma femme tire son lait, c'est différent car **je peux participer** en donnant de temps en temps des biberons. Si elle est vraiment fatiguée, ou si cela me pèse de ne pas pouvoir en faire plus, je peux lui suggérer cette idée... qu'elle ne devrait pas refuser !

Comment devenir l'as du biberon ?

Cas numéro 2 : vous avez opté pour le biberon. Dans ce cas, vous pouvez vous impliquer autant que la maman. À vous de trouver la meilleure organisation possible : vous donnez tous les biberons du week-end (et elle de la semaine), vous donnez le premier biberon du matin, et le dernier biberon du soir, vous vous levez une nuit sur deux... Il n'y a pas une organisation meilleure qu'une autre : à vous d'en discuter ensemble.

Ma mission de super papa :

✓ **Je retiens les 3 règles d'or** pour donner le biberon comme un pro : hygiène irréprochable (on se lave les mains avant de le préparer, on lave le matériel juste après), bon dosage (1 dosette de poudre pour 30 ml d'eau), et toujours vérifier que

→

le biberon n'est pas trop chaud (voir ci-dessous). Avec ces trois grands principes en tête, je suis sûr de ne pas me tromper.

✓ En donnant le biberon, **je veille à ce que la tétine soit toujours entièrement remplie de lait,** et non d'air. Sinon Bébé avale de l'air et digère mal.

✓ **J'apprends aussi à faire la différence entre les 3 grands types de laits :** lait premier âge pour les moins de 6 mois, lait de suite pour les bébés de 6 mois à 10 ou 12 mois (cela dépend des marques) et lait de croissance pour les plus grands (c'est-à-dire de 10/12 mois à 3 ans).

✓ **Je n'oublie pas le rot après le biberon.** La technique la plus simple : je redresse Bébé, je l'installe contre mon épaule, son petit ventre tourné vers moi, et je tapote légèrement son dos. Je n'oublie pas de poser un linge sur mon épaule pour protéger mon pull ou ma chemise ! Si cela ne vient pas, inutile de s'acharner pendant des heures : Bébé le fera tout seul comme un grand un peu plus tard... ou pas (ce n'est pas systématique).

Préparer un biberon pas à pas

1. Lavez-vous les mains.
2. Versez de l'eau minérale en bouteille dans le biberon. Chauffez quelques secondes au chauffe-biberon ou au micro-ondes (mais c'est facultatif : Bébé peut aussi boire son lait à température ambiante).

3. Ajoutez ensuite le lait en poudre : 1 dosette de poudre (fournie dans la boîte) pour 30 ml d'eau.
4. Refermez le biberon avec le capuchon, la bague (c'est ce qui tient la tétine) et la tétine.
5. Roulez le biberon entre vos mains de manière à mélanger la poudre, puis secouez le biberon de bas en haut.

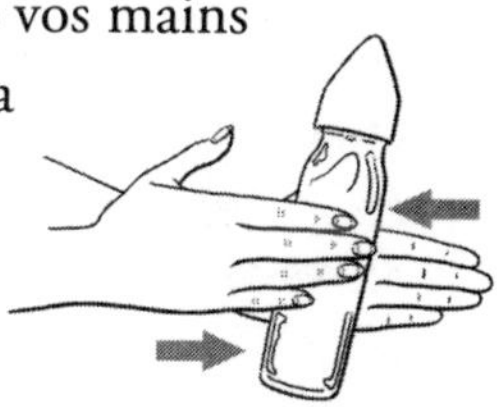

Roulez le biberon entre vos mains.

6. Regardez si toute la poudre est bien dissoute et vérifiez que le biberon n'est pas trop chaud (versez une goutte de lait sur votre poignet). Si c'est trop chaud pour votre poignet, ça l'est aussi pour Bébé. Dans ce cas, passez le biberon sous l'eau du robinet pendant quelques secondes.
7. Le biberon est prêt à être donné au bébé. Il peut être conservé entre 30 minutes (biberon chaud) et 1 heure (biberon froid). Au-delà, jetez son contenu et pensez à le laver soigneusement sans attendre. Dans le cas contraire, il faudra le stériliser.

Comment sait-on quand il a faim ?

Pas de panique, vous allez très vite vous en rendre compte. En général, un bébé qui a faim donne de la voix ! Au début, il peut réclamer toutes les heures ou toutes les deux heures. Cela s'espace ensuite... La meilleure chose à faire ? Lui donner à manger quand il a faim, sans se poser plus de questions et ne pas s'inquiéter s'il ne finit pas son biberon. Au fil des semaines et des mois, ses repas vont s'espacer, et il trouvera son rythme de croisière.

Le faire dormir

Quand va-t-il (enfin !) faire ses nuits ?

Avouez-le : le sommeil (le vôtre !) est sûrement l'une de vos préoccupations majeures de jeune papa. Quand allez-vous enfin pouvoir faire une nuit complète ? Au début, un tout-petit se réveille en moyenne toutes les deux ou trois heures, car il a besoin d'être nourri. Qu'il soit allaité ou nourri au biberon, une chose est sûre : vous aussi allez vous réveiller une ou plusieurs fois par nuit. À moins que vous ne soyez complètement sourd pendant que vous dormez, ça arrive parfois ! Alors, ça va durer combien de temps ? Réponse : tout dépend des bébés. La plupart font leurs nuits au bout de quelques semaines (3 à

4 mois en moyenne), d'autres réveillent encore leurs parents à l'âge de 18 mois (heureusement, c'est moins courant!). Bref, il n'y a pas de règle en la matière, ni vraiment de remède miracle. Tout juste quelques astuces pour l'aider à dormir et à trouver son rythme.

Ma mission de super papa:

✓ **Je prends mon mal en patience.** Avec un tout-petit (moins de 3 mois), il n'y a qu'une chose à faire: respecter son rythme. Et donc se lever quand il pleure.

✓ **J'instaure un petit rituel au moment du coucher.** Un bébé a besoin de ses repères. L'idéal: le coucher tous les soirs à peu près à la même heure, lui proposer son doudou ou sa tétine, lui chanter une petite chanson, mettre sa boîte à musique... et le laisser s'endormir tout seul. Je quitte donc la pièce avant qu'il ne s'endorme.

✓ **Je n'oublie pas qu'il n'existe qu'une seule et unique position pour faire dormir un bébé:** c'est sur le dos.

✓ **Je ne reviens pas immédiatement dans sa chambre dès qu'il se met à pleurer.** Certains bébés ont aussi besoin de pleurer avant de s'endormir, alors il faut les laisser s'exprimer et surtout se rendormir seuls. J'adopte la règle des 10 minutes: s'il pleure toujours au bout de ce laps de temps, je peux aller le voir. Mais dites-vous

→

qu'un bébé ne fait pas de caprices dans les premiers mois, son but n'est pas de vous contrarier, même si c'est une fille.

✓ **Je pense à me reposer moi aussi !** Car, à la longue, ces réveils nocturnes peuvent être épuisants... Certes, je dois faire une croix sur mes grasses mat' du week-end, mais je peux très bien profiter des siestes pour faire de même !

Euh, ça sert à quoi tout ça ?

Pour bien dormir, un tout-petit a besoin d'un équipement particulier et d'une chambre peu chauffée (19 °C). Petit tour d'horizon des indispensables. On parie que vous allez découvrir quelques mots...

• **La turbulette, aussi appelée gigoteuse :** c'est une sorte de mini-sac de couchage à bretelles utile jusqu'à 18 mois au moins, et souvent plus. Elle remplace le drap, la couverture et la couette, qui peuvent présenter un risque d'étouffement chez les tout-petits. Ainsi, Bébé reste bien au chaud pendant toute la nuit, même s'il gigote beaucoup. Il en existe différents modèles, plus ou moins chauds, à choisir en fonction de la saison. Avis aux papas un peu distraits : la turbulette s'enfile au-dessus du pyjama, elle ne le remplace pas ! S'il fait vraiment chaud, Bébé pourra aussi dormir tout nu (juste avec une couche) dans sa turbulette.

- **Le tour de lit** : il permet de créer un petit cocon douillet dans le lit du bébé, et lui évite de se cogner la tête contre les barreaux quand il s'agite la nuit. Mais certains affirment qu'il peut représenter un danger pour le bébé s'il enfouit son visage dedans. Il empêcherait aussi une bonne circulation de l'air. À vous de vous faire votre propre avis. Si vous optez pour le tour de lit, il faut simplement vous assurer qu'il est bien adapté au modèle de lit que vous avez et que les lanières sont bien attachées.
- **Le pyjama** : les modèles pour bébés ne ressemblent pas vraiment à ceux pour adultes. Tout d'abord, ils sont composés d'une seule pièce. Certains se ferment sur le devant, d'autres dans le dos, avec une quantité de pressions parfois impressionnante. Après quelques séances d'entraînement, vous devriez pouvoir toutes les fermer en moins d'une minute !
- **Les jouets** : on évite d'en mettre trop dans le lit de Bébé. Un ou deux doudous si besoin, et encore, pas avant l'âge de 3 mois au moins.
- **La veilleuse** : elle peut aider certains bébés à s'endormir, mais elle n'est pas indispensable.

Le changer, le laver, l'habiller...

Changer ses couches, lui donner un bain, lui enfiler un body... autant de gestes qui vous paraissaient insurmontables avant de devenir papa? Oui, mais ça y est: vous êtes au cœur de l'action, et il va falloir vous y mettre. Rassurez-vous: ce n'est pas plus sorcier que de changer une ampoule ou de monter un meuble suédois... à condition bien sûr d'avoir un mode d'emploi simple et clair!

Attention, fragile!

Jusqu'à 3 ou 4 mois environ, un bébé ne sait pas bien tenir sa tête. Pensez à toujours lui soutenir la nuque avec votre main quand vous le portez, le sortez du lit, lui faites prendre le bain, l'habillez...

Comment ça se met, une couche?

Parfois, vous vous demandez comment ce si petit bébé peut salir autant de couches... Mais la question n'est pas là: il faut le changer, et ce n'est pas le moment de tergiverser. Pas question de laisser cette tâche à votre femme ! En papa moderne, vous voulez montrer à la terre entière que vous vous débrouillez parfaitement bien. Pour vous y aider, voici une petite notice rapide.

Changer une couche en 3 minutes ? Top chrono !

1. Assurez-vous que vous avez tout le matériel nécessaire à portée de main : couche propre, coton ou lingettes, eau, liniment (produit nettoyant, mélange d'eau de chaux et d'huile d'olive) ou lotion pour le change, crème pour les fesses irritées (si nécessaire), voire body de rechange (en cas de petite fuite).
2. Allongez votre bébé sur le dos, sur le matelas de la table à langer. Gardez toujours une main sur lui, quoi que vous fassiez.

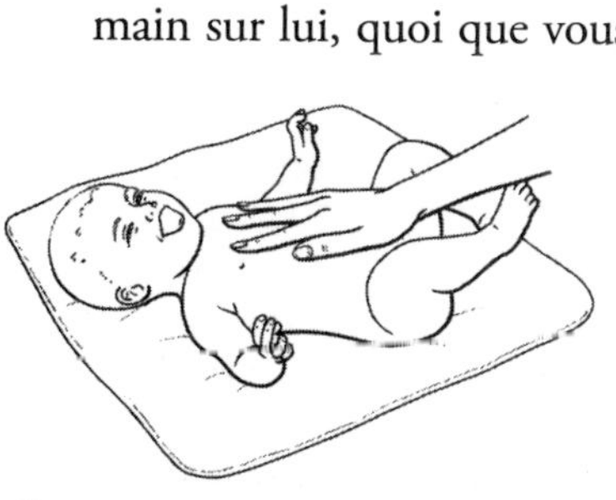

Gardez toujours une main sur le bébé.

3. Enlevez-lui le bas (inutile de le déshabiller en entier), ouvrez son body.

4 Ouvrez la couche sale et ramassez le plus gros du caca avec cette couche sale que vous replierez sous ses fesses.

Repliez la couche sous ses fesses.

5 Passez ensuite un coton humidifié ou une lingette pour nettoyer le reste (de l'avant vers l'arrière pour une fille, de l'arrière vers l'avant pour un garçon). Assurez-vous de bien nettoyer tous les petits plis.

6 Repliez la couche sale et jetez-la. Ouvrez la couche propre et passez-la sous les fesses de votre bébé (la partie avec les bandes autoagrippantes vers le haut, sous le dos du bébé).

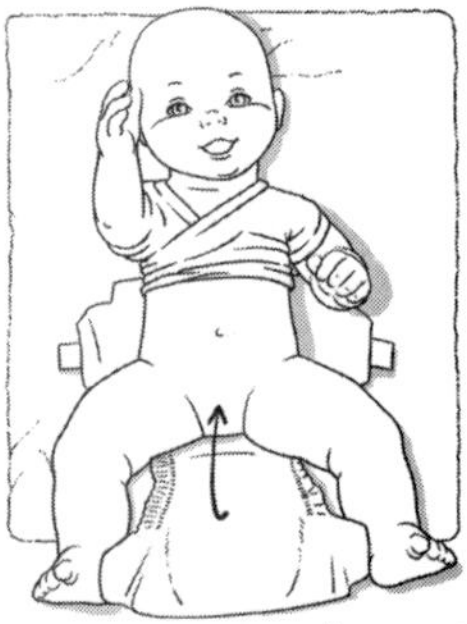

Placez et refermez la couche comme ceci.

7 Appliquez une crème anti-irritations sur sa peau si nécessaire (veillez à ce que la peau soit bien sèche). Refermez la couche avec les bandes

autoagrippantes en serrant suffisamment mais pas trop.

8. Rhabillez votre bébé. Opération accomplie !

Ma mission de super papa :

✓ À la maternité, **je profite de la présence des puéricultrices pour apprendre les bons gestes.** Elles sont là pour ça, et ont l'habitude des jeunes parents un peu maladroits !

✓ De retour à la maison, **je n'hésite pas à mettre en pratique** tout de suite ce que j'ai appris : c'est en s'entraînant que l'on devient pro !

✓ Si j'ai encore des questionnements sur le sujet, **je peux aller voir quelques vidéos sur Internet**. Certaines sont très bien faites et vraiment pédagogiques. Il n'y a pas de honte à prendre quelques cours du soir ! Sur YouTube par exemple, tapez « changer une couche » pour visualiser la méthode.

Comment lui donner le bain sans risque ?

Dans certaines maternités, le premier bain est souvent une mission pour les jeunes parents, encadrés par une puéricultrice ou une infirmière. Si on ne vous y invite pas, n'hésitez pas à demander une petite leçon privée. Pas question de rater ce moment magique et pédagogique ! Et pensez à bien vous concentrer, car on va vous montrer tous les bons gestes et les bons réflexes à adopter (voir aussi p. 104). Petit rappel pour ceux qui ont séché le cours.

Bain : les 8 étapes clés pour assurer comme un chef

1. **Préparez à portée de main tout ce dont vous aurez besoin :** couche propre, vêtements propres, serviette de toilette, lingettes, coton, liniment, gel lavant.
2. **Vérifiez la température de la salle de bains :** pas moins de 22 °C pour que Bébé ne prenne pas froid.
3. **Faites couler son bain à la bonne température,** à savoir 37 °C. Un thermomètre de bain se révèle ici indispensable !
4. Allongez votre bébé sur la table à langer, à proximité de la baignoire, **déshabillez-le et enlevez-lui sa couche**. S'il a fait pipi et/ou caca, nettoyez-le (afin de ne pas souiller l'eau).
5. **Toujours sur la table à langer, savonnez votre bébé** de la tête aux pieds, en terminant par les fesses et les organes génitaux.

Tenez Bébé par l'épaule en maintenant sa tête.

6. Passez votre main gauche (si vous êtes droitier) sous le cou de votre bébé de manière à attraper son épaule. Sa nuque repose sur votre poignet. Attrapez le bas de son corps avec votre autre main puis **plongez tout doucement votre bébé dans le bain.**

7. Toujours en soutenant bien sa nuque, **laissez votre bébé s'ébattre dans l'eau** (ils adorent ça) pendant quelques minutes. Et arrosez-le régulièrement d'eau pour qu'il ne prenne pas froid.

8. **Sortez votre bébé de l'eau,** allongez-le sur la table à langer et enveloppez-le immédiatement dans une grande serviette. Séchez-le soigneusement en tapotant doucement sa peau (on n'oublie pas les petits plis) et rhabillez-le rapidement pour qu'il ne prenne pas froid.

Et si Bébé n'aime pas le bain ? Rassurez-le en lui chantant une chanson douce. Autre solution :

achetez un « transat » de bain, sorte de petit fauteuil à mettre dans la baignoire, où vous pourrez installer votre bébé confortablement. Si cela ne suffit pas, contentez-vous d'un savonnage-rinçage au gant sur la table à langer. Et retentez le bain un peu plus tard...

Ma mission de super papa :

✓ Le bain est un super moment à partager avec son bébé : **j'essaie de m'en charger le plus souvent possible**. En revanche, inutile de le faire tous les soirs. Chez les tout-petits, un bain tous les 2 ou 3 jours suffit amplement.

✓ Même une fois que Bébé se tient assis tout seul dans son bain (j'ai le temps, ce n'est pas avant 8 mois au moins), **je ne le quitte jamais des yeux**. Pas question de sortir de la salle de bains pour aller répondre au téléphone : un accident est si vite arrivé, même dans 5 cm d'eau !

Pourquoi c'est si compliqué de l'habiller ?

D'un côté, un tout-petit qui vous paraît bien fragile. De l'autre, une pile de vêtements avec des pressions dans tous les sens, des encolures toutes petites et des manches super étroites. Votre mission : mettre les seconds sur le premier, sans le faire hurler.

Je lui mets quoi ?

Les deux ou trois premiers mois : body + pyjama toute la journée. C'est ce qu'il y a de plus pratique (votre bébé passe quasiment tout son temps à dormir) !

Quand il fait chaud, un simple body peut suffire à l'intérieur de la maison. Pour sortir, on peut ajouter un gilet et/ou un manteau, et un petit bonnet, voire une combi-pilote intégrale (voir p. 135) s'il fait vraiment froid.

Et après ?

En été : 1 body + 1 tenue (au choix : combinaison légère, tee-shirt et pantalon, robe, salopette) + chaussettes. On retire la tenue et les chaussettes s'il fait vraiment chaud, pour rester en body. Pour sortir, on prévoit un petit gilet en plus, « au cas où » (si le temps se couvre, quand on entre dans un magasin climatisé...).

En hiver : 1 body + 1 tenue + 1 petit gilet + des chaussettes. On n'oublie pas le manteau, le bonnet et les gants pour sortir. Voire une combi-pilote intégrale s'il fait vraiment froid.

Voici le top 4 des vêtements les plus relous (restons polis) et les astuces pour en venir à bout.

1. Le body

C'est le vêtement numéro 1 de Bébé, surtout les premiers temps. Jour et nuit, sous un pyjama ou une tenue « de sortie », été comme hiver, il en porte un. Bien pratique, car il s'agit d'une seule pièce qui fait office à la fois de maillot de corps et de culotte. Encore faut-il réussir à le lui mettre...

- Avant d'essayer de le mettre, **repérez bien le modèle** que vous avez entre les mains. Il existe en effet différents types de bodys : certains s'enfilent par la tête, d'autres se ferment dans le dos, d'autres encore se ferment sur le devant en croisant (ce sont les plus pratiques !).
- Pour certains modèles, il faut **passer la tête de votre bébé dans l'encolure** : pas toujours évident. Pour vous faciliter la tâche, ouvrez-la au maximum avec vos deux mains, puis passez tout doucement le visage et le crâne de votre bébé. En général, ils n'aiment pas trop ça.
- Le plus difficile, ensuite, est de **mettre les manches**. Pour cela, passez deux ou trois de vos doigts dans l'extrémité de la manche en la tire-bouchonnant et attrapez la petite main de votre bébé. Déroulez ensuite la manche tout doucement le long de son bras. Faites de même de l'autre côté.
- **Si le body se ferme entre les jambes** : soulevez les jambes de votre bébé pour rassembler la partie dos et la partie ventre et fermer les pressions.

- **Si le body se ferme dans le dos :** une fois le body enfilé, il faut mettre Bébé sur le ventre. Certains bébés détestent ça ! Pour retourner votre bébé facilement, prenez-le dans vos bras, son dos contre vous. Mettez votre avant-bras le long de son corps, puis baissez votre avant-bras jusqu'à allonger votre bébé sur le plan à langer. Veillez à ce que les bras de votre bébé soient bien devant son visage et non le long de son corps.

- **Si le body se ferme sur le devant,** c'est plus simple... une fois que vous avez compris quelle pression va avec quelle pression (il ne faut pas avoir fait Polytechnique... mais presque !). Pour faciliter son enfilage, posez le body à plat bien ouvert, sur le plan à langer, puis posez votre bébé dessus.

2. Le pyjama

Aussi appelés « dors-bien » (c'est en fait strictement la même chose), les pyjamas pour bébé se présentent généralement comme les bodys, en une seule pièce. Ils couvrent aussi les pieds, de manière à ce que le bébé ne prenne pas froid pendant la nuit.

- Mêmes conseils que pour le body : **repérez d'abord bien le modèle auquel vous avez**

affaire. Certains pyjamas se ferment dans le dos, d'autres sur le devant ou le côté. Certains ont des rangées de pressions tout le long des jambes, d'autres une fermeture « à pont » dans le dos, au niveau de la taille. Vous allez vite comprendre que certains modèles sont beaucoup plus pratiques que d'autres : ceux qui ferment sur le devant, avec peu de pressions par exemple.

- Les étapes les plus difficiles sont l'enfilage de la tête et des bras : adoptez **les mêmes réflexes** que pour le body (tire-bouchonnage des manches, ouverture maximale du col... voir p. 132).
- **On n'oublie pas de mettre un body sous le pyjama, notamment s'il s'agit d'un pyjama d'hiver en pilou :** c'est beaucoup plus doux pour la peau de Bébé. En été en revanche, un simple pyjama en coton peut suffire, voire juste la couche quand il fait très chaud.

Dans quel sens ça se met ?

Une petite astuce toute bête pour savoir dans quel sens se met ce pull (les boutons, devant ou derrière ?) ou ce pyjama (les pressions, sur le devant ou dans le dos ?) : repérez les étiquettes (marque, taille...). Elles sont généralement placées dans le dos du vêtement. Enfin, la plupart du temps !

3. Les chaussettes

Ça n'a l'air de rien, et pourtant: vous verrez qu'enfiler des chaussettes à un tout-petit, cela relève parfois de la mission impossible! Heureusement, il existe une technique efficace: retroussez la chaussette sur elle-même avant d'y placer le bout des orteils de Bébé et de la dérouler jusqu'à sa cheville.

Et les chaussures ?

Pas la peine d'investir dans de « vraies » chaussures tant que Bébé ne manifeste pas la volonté de marcher ! Préservez votre porte-monnaie car, une fois qu'il sera sur pieds, vous devrez en revanche investir dans des chaussures de qualité, et en changer très souvent ! Voir aussi p. 175.

4. La combinaison-pilote

Quand les températures sont basses et que votre tout-petit doit sortir, c'est le vêtement indispensable. Il s'agit d'une doudoune intégrale (veste et pantalon), souvent accompagnée de moufles et de surchaussures dans la même matière douce et molletonnée.

• **Optez pour un modèle facile à enfiler,** c'est-à-dire qui s'ouvre le plus possible (du cou jusqu'aux chevilles). Vous y gagnerez de précieuses minutes.

• **Deux petites astuces pratiques** pour vous faciliter la tâche. 1. Enfilez-la à plat : posez la combinaison à plat, puis allongez votre bébé dedans avant de refermer le tout. 2. Mettez-lui les chaussures après, une fois la combinaison enfilée.

A-t-il assez/trop chaud ?

• **Les premiers jours,** il est important de couvrir un nourrisson des pieds à la tête, car il ne sait pas encore réguler sa température. On n'oublie pas son petit bonnet en coton sur la tête, même l'été.

• **De manière générale,** on conseille aussi de mettre à un nourrisson une couche de vêtements de plus que ce que l'on mettrait soi-même, en tant qu'adulte.

• **Quand il fait chaud,** prévoyez tout de même un petit gilet de coton que vous pourrez enlever en fonction de la température (si vous entrez dans un lieu climatisé par exemple). Attention aussi aux coups de chaud : n'hésitez pas à découvrir votre bébé en plein été. Faites aussi particulièrement attention aux courants d'air, car les tout-petits y sont très sensibles.

→

• **Quand il fait froid,** il vaut mieux lui superposer plusieurs épaisseurs (body, tee-shirt en coton, gilet en laine, doudoune) plutôt que de lui mettre un seul gros pull pas très confortable ! Pensez bien à couvrir ses extrémités (mains, pieds, tête), car c'est par là que l'on prend froid !

L'emmener en balade

Prendre l'air avec Bébé, c'est le meilleur des remèdes s'il refuse de s'endormir, pique une crise... ou quand vous-même êtes au bord de la « rupture » (ça arrivera !). Oui mais voilà, une sortie avec un tout-petit, cela ne s'improvise pas. Fini le temps où vous n'aviez besoin que de deux secondes pour enfiler vos baskets. Désormais, les sorties en famille demanderont un peu plus de préparation...

J'emporte quoi ? (ou la théorie du sac à langer)

Que vous sortiez faire une petite balade ou un grand tour, impossible de sortir les mains vides. Le plus pratique : avoir un sac toujours prêt avec le nécessaire. C'est le fameux « sac à langer » que l'on vend dans toutes les boutiques d'accessoires pour bébé. Mais un sac ordinaire, suffisamment grand (et surtout sans les motifs de nounours !), peut aussi très bien faire l'affaire.

Sac « à langer » : la liste des indispensables

- **Pour le changer :** plusieurs couches (nombre à adapter en fonction de la durée prévue de la sortie), un paquet de lingettes, un sac plastique (pour jeter les couches), une tenue de rechange complète (au cas où il y aurait un petit incident...).
- **Pour le nourrir :** un ou plusieurs biberons d'eau, une boîte doseuse avec le nombre de doses de lait en poudre adéquat (vous ne ferez le mélange qu'au dernier moment). S'il est allaité par sa maman, c'est plus simple, vous n'avez rien à prendre. Pour les plus grands : éventuellement un petit plat ou une compote (+ cuillère et bavoir) et quelques biscuits si vous sortez à l'heure du déjeuner ou du goûter.
- **Pour l'occuper :** un jouet et/ou une tétine et/ou le « doudou » officiel. Sans oublier l'accroche-doudou ou l'accroche-tétine, pour éviter que ces objets n'atterrissent sur le trottoir toutes les deux minutes.

Porte-bébé ou poussette ?

Deuxième question essentielle : on opte pour le porte-bébé ou la poussette ? Petit récap' pour vous aider à choisir.

Les porte-bébés

Écharpe de portage, porte-bébé ventral ou dorsal... il existe aujourd'hui plein de modèles différents. Et on croise dans la rue de plus en plus d'hommes fiers de porter leur bébé de cette manière. Il paraît même que c'est un bon outil pour draguer... Mais là n'est pas la question !

- **Les atouts** : c'est un accessoire peu encombrant. Vous conservez les mains libres pour lire le journal, aller prendre un café, faire les courses... De plus, Bébé adore. Il suffit de le mettre dans le porte-bébé pour qu'il se calme et même s'endorme : cela peut être parfois très utile !
- **Les inconvénients** : pas évident de choisir le bon modèle (il en existe plein !). Au début, cela demande aussi un peu d'apprentissage, surtout si vous choisissez l'écharpe de portage. Pour vous familiariser avec cette technique, n'hésitez pas à suivre un cours ou un atelier (renseignez-vous en magasin de puériculture ou sur le site de la marque de votre écharpe). Enfin, à partir d'un

certain âge, vous ne pourrez plus porter Bébé de cette façon. Certains modèles d'écharpes sont certes faits pour les enfants jusqu'à 3 ans mais, à partir de 18 mois environ, la poussette se révèle bien plus pratique.

Les poussettes

Même si vous préférez l'écharpe ou le porte-bébé au début, la poussette s'imposera à un moment ou à un autre. Vous serez donc confronté à un choix peu évident ! À côté, choisir entre une HD TV ou une HD TV 1080p, c'est de la rigolade. Revenons à nos moutons : voici les 3 principales questions à se poser pour bien choisir sa poussette.

- **Où habitez-vous ?** Ville (poussette à petites roues) ou campagne (poussette tout-terrain) ? Appartement (avec/sans ascenseur, avec/sans local à poussettes) ou maison ? Important pour déterminer s'il vous faut une poussette ultra-légère, compacte, repliable…
- **Avez-vous une voiture ?** Si oui, il faut un modèle pliable qui rentre dans le coffre. Et un modèle avec cosy intégré qui fera office de siège-auto.
- **Quel est votre budget ?** L'éventail est large, d'une trentaine d'euros pour une poussette-

canne (pas avant 6 mois) jusqu'à plus de 1 000 euros pour la poussette de marque ultra-complète, évolutive et super-design.

• **Comptez-vous l'acheter dès la naissance ou plus tard?** Vous pourrez certainement choisir un modèle plus léger si vous attendez les 6-8 mois de votre bébé. Sinon, choisissez une évolutive.

N'hésitez pas à vous déplacer dans un magasin spécialisé en puériculture pour acheter votre poussette (évitez l'option Internet). Les vendeurs pourront vous conseiller en fonction de vos attentes et répondre à toutes vos questions existentielles sur le sujet. Vous pourrez aussi essayer les poussettes, ce qui est un critère essentiel dans le choix final.

Gérer ses pleurs

Un langage à part entière

Il va falloir vous y faire: un bébé, ça pleure. Et même très souvent! C'est sa (seule) façon de s'exprimer pour l'instant. Alors soyez à l'écoute de ses cris: avec un peu d'habitude, vous apprendrez à reconnaître quand il a faim, mal, est fatigué... Chaque bébé a son propre langage, mais il existe quelques grandes tendances à retenir.

- Quand ses pleurs augmentent en intensité, et sont associés à des sons stridents, **votre bébé vous dit simplement qu'il a faim**!
- Quand cela ressemble davantage à des grognements, il a sans doute **envie de dormir**...
- Si ses pleurs sont soudains, perçants et aigus, **c'est parce qu'il ressent sûrement une douleur**.
- Quand il crie très fort et devient tout rouge, **il manifeste sa colère** ou sa frustration. Il peut aussi avoir trop chaud (touchez sa nuque pour vérifier).

Les pleurs du soir...

Si votre bébé pleure systématiquement en fin de journée, et particulièrement quand la nuit tombe, c'est ce qu'on appelle les angoisses du soir. Ces pleurs-là peuvent être très impressionnants, car ils ressemblent à de vrais cris de rage et peuvent durer 1 heure, voire plus! Mais pas de panique: ils sont normaux, et durent généralement jusqu'à l'âge de 3 ou 4 mois. Ils permettent à votre bébé de se décharger des angoisses et des frustrations accumulées toute la journée.

Et aussi de s'adapter progressivement à son nouveau rythme veille/sommeil.

Ma mission de super papa :

Je le prends dans mes bras pour le câliner en lui parlant à voix basse pour le rassurer. Puis je le dépose tout doucement dans son lit, et, si possible, je le laisse s'endormir seul. Surtout pas d'énervement : cela ne ferait que stresser le bébé encore plus.

Que faire s'il ne s'arrête pas de pleurer ?

Un bébé qui ne s'arrête pas de pleurer, cela peut vite devenir très stressant. Mais, quelle que soit la situation, **il ne faut jamais secouer un bébé,** même si c'est dans l'intention de le calmer. En effet, un bébé est très fragile, surtout au niveau de la tête : les mouvements d'avant en arrière peuvent entraîner une déchirure des vaisseaux autour de son cerveau et donc un saignement dans sa boîte crânienne. Avec, à la clé, des conséquences irréversibles sur son développement.

Les bons gestes :

- Lui parler tout doucement.
- Lui donner un jouet ou une tétine.

- Le promener (dans les bras, le porte-bébé, la poussette...).
- Changer sa couche.
- Lui faire un câlin.
- Lui masser le ventre.
- Prendre sa température et, s'il a moins de 3 mois et qu'elle monte (38 °C ou plus), appeler le pédiatre ou aller aux urgences s'il n'est pas joignable.

Si votre bébé continue de pleurer malgré vos câlins et que vous ne savez plus quoi faire, posez Bébé dans son lit, allez vous calmer dans une autre pièce pendant quelques minutes, puis revenez dans sa chambre. Peut-être qu'entre-temps, il aura trouvé le sommeil...

CHAPITRE 2

De nouveaux repères à trouver

Je pense à moi

Depuis plusieurs dizaines de pages, on ne vous parle que de lui : le bébé. Et vous dans tout ça ? Devenu papa, vous n'en restez pas moins un homme, avec ses envies, ses désirs, son travail, ses loisirs, ses amis... Certes, beaucoup (trop ?) de choses ont changé depuis ce fameux jour où vous l'avez pris dans vos bras. La question, finalement, n'est pas de savoir si c'est mieux ou moins bien qu'avant : c'est différent, un point c'est tout. Maintenant, il va falloir trouver vos nouveaux repères, pour vous d'abord mais aussi pour votre vie de couple.

Si je prenais un congé ?

Outre le congé paternité (voir p. 70), vous avez la possibilité de prendre un congé parental. Contrairement à ce que vous pourriez penser, il n'est pas réservé aux mamans. Vous aussi, en tant que papa, vous avez la possibilité d'en prendre un. Cela peut être l'occasion pour vous de faire un vrai break pour vous occuper de votre enfant pendant ses premiers mois, voire ses premières années : pensez-y !

Le congé parental en quelques mots

- **Le congé est ouvert à tous les salariés** ayant au moins un an d'ancienneté dans leur entreprise. L'employeur ne peut pas le refuser, il suffit de l'en informer via une lettre recommandée avec accusé de réception, ou de la lui remettre en mains propres. À l'issue du congé, le salarié retrouve son emploi initial, ou un poste équivalent, ainsi que sa rémunération.
- **Il peut être total** (le contrat de travail est suspendu) **ou partiel** (la durée d'activité est de 16 heures minimum par semaine).
- **Ce congé n'est pas rémunéré par votre employeur** (sauf dispositions conventionnelles), mais vous pouvez percevoir **une allocation de la**

Caf, sous certaines conditions : le CLCA (complément de libre choix d'activité). Renseignez-vous sur **www.caf.fr**.

- **Pour un premier enfant** : il est demandé pour une durée de six mois maximum avec le CLCA. Il peut être prolongé jusqu'aux 3 ans de l'enfant mais sans contrepartie financière. À noter : une réforme du congé parental doit entrer en vigueur en juillet 2014. Elle prévoit six mois supplémentaires indemnisés, à condition que ces six mois en plus soient pris par l'autre parent.
- **Pour un deuxième enfant ou plus** : le congé parental et le versement du CLCA peuvent être demandés et payés jusqu'aux 3 ans de l'enfant. La durée initiale maximale est de un an. Le congé peut être renouvelé deux fois jusqu'aux 3 ans de l'enfant. À noter : la réforme qui doit entrer en vigueur en juillet 2014 prévoit une réduction de la durée maximale totale du congé à deux ans et demi (contre trois actuellement), avec la possibilité de prendre six mois supplémentaires par l'autre parent.

Dans la réalité des faits, il faut bien reconnaître que peu de jeunes papas prennent un congé parental pour s'occuper de leur enfant : à peine 1 père sur 9 réduit ou cesse temporairement son activité après la naissance de son enfant (source : Insee, juin 2013) !

Le baby-blues au masculin

Les femmes ne sont pas les seules à souffrir de ce que l'on appelle le baby-blues. Vous aussi, jeunes papas, pouvez ressentir ce sentiment bizarre de passage à vide dans les semaines qui suivent la naissance de votre enfant. Certes, devenir papa, c'est une aventure magique. Mais cela remet aussi en question plein de choses et bouleverse de nombreuses habitudes. À tel point qu'il est possible de se sentir complètement déboussolé !

Les signes qui ne trompent pas

- **Vous vous posez plein de questions existentielles :** est-ce que je suis vraiment prêt à être père ? Est-ce que je vais être à la hauteur de mon rôle de papa ? Vais-je réussir à aimer cet enfant ? Vais-je réussir à m'en occuper correctement ? Et évidemment, dans votre tête, les réponses sont davantage négatives que positives...
- **Vous avez le sentiment d'être vidé :** fatigue, lassitude, envie de ne rien faire, perte d'appétit, stress, insomnies... Bref, on dirait une petite dépression.

Ma mission de super papa :

✓ **Je n'ai pas honte de ce que je ressens !** Ce genre de choses n'est pas réservé aux femmes, et ce n'est pas parce que je me sens fragile en ce moment que cela remet en cause ma virilité. Ce passage à vide concerne bien plus d'hommes qu'on voudrait le croire. Se poser des questions sur sa capacité à être père serait même un comportement sain et constructif !

✓ **J'évite de ruminer tout seul dans mon coin.** Et j'essaie d'en parler à quelqu'un de confiance : un ami, un parent... Ou peut-être même à ma femme : elle est souvent la mieux placée pour m'écouter et me comprendre, alors pourquoi pas cette fois aussi ?

✓ **Au quotidien, j'essaie de m'occuper de mon bébé au maximum.** Car il n'y a rien de mieux pour se construire en tant que papa, prendre confiance en ses capacités... Le nourrir, le changer, le baigner, l'habiller : autant de missions que j'assure comme un pro.

✓ **Je ne renonce pas à « ma vie d'avant » !** Pas question de faire une croix définitive sur les soirées foot, les sorties entre potes, les restos avec ma chérie... Bon certes, il va falloir s'organiser un peu plus, mais rien n'est impossible.

✓ Si les symptômes persistent et que je sens que j'ai besoin d'une oreille complètement extérieure, **je n'hésite pas à prendre rendez-vous chez un psychologue.**

Trouver ma vraie place de papa

Au cœur des principales inquiétudes des jeunes papas, une question récurrente : comment trouver sa place dans le couple maman-bébé ? Pendant neuf mois, ces deux-là ont cohabité et, il faut bien le reconnaître, vous êtes un peu jaloux de cette relation exclusive. Ils se connaissent déjà bien, et vous vous sentez exclu. Et si, en plus, votre femme a choisi l'allaitement maternel, vous avez l'impression de ne plus exister. Résultat : les premiers mois, vous avez du mal à vous attacher à ce bébé qui, en outre, reconnaissons-le, ne fait pas encore grand-chose pour vous attendrir... Rassurez-vous : c'est une réaction totalement normale !

Ma mission de super papa :

✓ **Je passe le plus de moments possible en tête à tête avec mon bébé.** Je profite de petits moments tout simples du quotidien pour lui parler, le câliner : le change, le bain, le biberon, le coucher...

✓ **Je n'hésite pas à prendre des initiatives,** comme emmener Bébé en balade tout seul. De plus, c'est bénéfique pour tout le monde, car cela peut permettre à la maman de souffler un peu et de se reposer.

→

✓ **J'évite de me mettre la pression.** On ne devient pas papa en un claquement de doigts : c'est un apprentissage de tous les jours.

Je pense aussi à nous deux

Avant de devenir parents, on sous-estime souvent l'impact que peut avoir l'arrivée d'un bébé dans un couple. Que le vôtre soit récent ou déjà plus ancien, ce bébé remet en question toutes les habitudes que vous aviez prises à deux. Vous aviez déjà mis un peu de temps à construire cet équilibre ensemble ? Voilà que maintenant, il faut tout recommencer, à trois.

On n'arrête pas de se disputer, c'est normal ?

Fatigue, insomnies, stress lié au bébé... : il est normal de se sentir un peu chamboulé dans les premières semaines après la naissance. Et sur qui retombe votre irritabilité ? Celle qui partage votre quotidien.

D'où les disputes fréquentes. Certains chiffres avancent même que 20 à 25 % des couples se séparent dans les premiers mois après la naissance de Bébé*. À tel point qu'on a donné un nom à ce phénomène : le « baby-clash » ! Si les tensions au sein du couple sont normales, et fréquentes, on peut heureusement réagir avant d'en arriver là.

Ma mission de super papa :

✓ **Je nous donne le temps.** Il faut plusieurs semaines pour que chacun trouve ses repères dans cette nouvelle organisation. Inutile de vouloir que tout soit parfait tout de suite.

✓ **J'évite de marmonner tout seul dans mon coin.** Inutile de ressasser mes frustrations : je n'hésite pas à exprimer mes désirs ! Si j'ai envie de sortir boire un verre avec mon meilleur ami, cela ne sert à rien de me l'interdire en me disant que ce n'est pas cool de la laisser seule avec le bébé. Car, inconsciemment, je risque de lui en vouloir par la suite. La solution : exprimer ce désir, et voir quel est le moment le plus propice et le moins gênant pour elle si je sors.

✓ **Je reste à l'écoute de ma femme :** peut-être qu'elle souffre de baby-blues ? Son irritabilité du moment peut cacher une vraie détresse, un appel à

→

* Source : *Le Baby-clash, le couple à l'épreuve de l'enfant*, Bernard Geberowicz et Colette Barroux, Albin Michel.

l'aide. Car vous n'êtes pas le seul à vous poser des questions : elle aussi s'interroge sur son nouveau rôle de mère. Et, contrairement aux idées reçues, il n'est pas plus facile ou plus « naturel » de devenir mère que de devenir père.

Ça sera possible de ressortir en amoureux un jour ?

Rassurez-vous : la réponse à cette question est « oui ». Mais il faudra attendre un petit peu. Peut-être (sûrement !) aussi que ces sorties seront moins fréquentes. Et qu'elles demanderont plus d'organisation (ta mère n'est pas libre pour garder la petite ? Et ta sœur ? Non plus ? Alors appelons une baby-sitter !). Mais gardez en tête qu'il est essentiel de conserver ces petites sorties en amoureux. En réalité, l'important n'est pas tant de sortir, que de retrouver du temps pour soi en tant que couple, sans Bébé. Même si c'est juste pour un petit dîner en tête à tête tous les deux à la maison, avec des petits plats achetés chez le traiteur italien parce qu'on n'a pas vraiment eu le temps de cuisiner... Et si votre bébé est calme, vous pourrez aussi sortir avec lui au restaurant (il dormira dans sa poussette) ou chez des amis !

Ma mission de super papa:

✓ **Je liste toutes les solutions de garde possibles** pour être prêt quand on veut sortir: ma mère, sa mère, sa sœur... Et aussi les solutions SOS, avec leur numéro de portable: l'ado du quatrième qui peut faire du baby-sitting le samedi soir, la nounou toujours partante pour des extras...

✓ **Je me nomme responsable qualité de nos sorties cinéma ou restaurant.** Comme elles seront moins nombreuses, autant qu'elles soient réussies. Pas question de choisir le film à la légère, car c'est peut-être le seul que vous verrez du trimestre, voire de l'année! Idem pour les restos: on fait une vraie étude de marché avant de réserver.

✓ **J'organise des petites soirées en amoureux... à la maison.** Courses, dîner, déco, choix de la musique ou du film: je m'occupe de tout. Car l'essentiel, c'est de retrouver ce qui nous faisait plaisir avant, pas forcément de sortir.

✓ **Je fixe une règle impérative.** Pendant ces sorties ou ces moments rien que tous les deux, interdiction de parler du bébé! L'idée est de penser d'abord à nous deux. Et pour cela, rien de tel que de parler de ce que nous aimions auparavant: le cinéma, les amis, les projets de vacances... Même si tout cela est, il faut le reconnaître, bien bouleversé depuis la naissance.

Et au lit, ça va se passer comment ?

Pendant la grossesse, votre vie sexuelle avait déjà été fort chamboulée. Voire complètement rayée de la carte ! Sachez qu'après la naissance, cela risque de perdurer. Au moins quelques semaines. Et c'est logique, car de nombreux facteurs peuvent accentuer cette baisse de la libido, aussi bien chez vous que chez votre partenaire : fatigue, stress, disponibilité moins grande... Sans compter, pour votre femme, les petits soucis physiques qui suivent l'accouchement et les freins psychologiques, qui sont tout à fait normaux ! Désormais, chacun voit l'autre avec un nouvel œil. Votre femme est désormais une mère, et il vous faudra peut-être un peu de temps pour retrouver du désir pour elle. Sachez qu'elle aussi peut voir son désir pour vous modifié : cela ne va pas à sens unique. D'où l'importance de rester à l'écoute de l'autre.

Ma mission de super papa :

✓ **Je ne précipite pas les choses.** La baisse de désir est normale et passagère. Inutile de se mettre la pression. En attendant, câlins complices, massages et autres douceurs et attentions sont les bienvenus pour maintenir la flamme dans votre couple.

→

✓ **Je nous réserve des moments tous les deux** (voir ci-dessus). C'est la seule façon de retrouver son intimité de couple un temps laissée de côté.

✓ **Je continue à montrer mon désir pour ma femme.** Elle a besoin de se sentir désirable, alors je n'hésite pas à lui faire des compliments, à lui dire que je la trouve belle, à lui chuchoter des petits mots coquins...

✓ **Autre idée :** lui offrir un soin en institut, pendant que je garde Bébé, ou alors lui faire moi-même des massages !

Top 5 des choses à ne pas lui dire dans les semaines qui viennent

1. « Et ta super petite robe noire, tu ne rentres toujours pas dedans ? » Il va falloir attendre encore un peu pour qu'elle retrouve sa ligne d'avant Bébé.
2. « Tu veux que j'appelle ma mère pour lui demander conseil ? » Quel que soit le sujet, on évite de faire intervenir sa mère dans l'histoire.
3. « T'as fait quoi aujourd'hui ? » À part changer les couches, allaiter, préparer les biberons, faire trois lessives, rien de spécial. Pas besoin de le lui rappeler.
4. « Repose-toi quand Bébé dort. » Elle n'attend que ça !
5. « Relax ! » Ça aussi, elle n'attend que ça.

PARTIE 4

Super-papa… au quotidien !

CHAPITRE 1

Bébé grandit : je gère comme un pro !

À peine le temps de vous habituer à l'idée que vous êtes devenu père que votre enfant fait sa première dent ou ses premiers pas, mange ses premières purées et vous fait tourner en bourrique avec ses premières vraies colères. En pratique, votre mission de super papa ne fait que commencer...

Il mange (presque) comme un grand

Fini l'époque (bénie) où votre bébé ne se nourrissait que de lait. C'était simple, et il n'y avait pas à se prendre la tête pour les courses et les menus. À partir de 5-6 mois, il va commencer à manger de « vrais » aliments. Pour vous, cela implique tout de même quelques petits changements dans votre quotidien...

La diversification alimentaire : les principales règles d'or

- Sachez tout d'abord que la découverte des aliments ne doit pas se faire n'importe comment. **Il y a un calendrier avec des grandes étapes à respecter***. Par exemple : on commence par les fruits et les légumes, puis on introduit la viande et le poisson, puis les céréales... Ça sert à quoi ? À éviter les réactions allergiques principalement.
- Deuxième impératif : **on introduit un seul nouvel aliment à la fois.** On en redonne le lendemain, voire le surlendemain aussi, avant de passer au suivant. En pratique : aujourd'hui et demain, on goûte la poire. Après-demain, on passera aux épinards.
- **On commence léger !** Au début, votre bébé ne va manger qu'une ou deux cuillerées de sa compote ou de sa purée de légumes. Inutile de le forcer. On augmentera les quantités au fur et

* Pour plus d'infos, voir *Bien nourrir Bébé, c'est malin*, Alix Lefief-Delcourt, éditions Quotidien Malin.

à mesure, et votre bébé saura vous faire comprendre quand il en veut encore.

- **On évite le sel et le sucre ajoutés.** On sait que vous adorez ça, mais votre bébé n'a absolument aucun besoin de ces additifs. Son palais délicat n'est pas habitué au goût du sel, alors inutile de saler ses petits pots (que vous trouvez fades) ou ses purées de légumes. De plus, le sel est très mauvais pour ses petits reins. Idem pour le sucre : inutile de l'habituer trop tôt à ce goût, il y deviendra accro bien assez vite.

Ma mission de super papa :

✓ **Je me mets aux fourneaux...** Même si je ne suis pas un pro, cuisiner pour Bébé, ce n'est pas très compliqué. Le plus simple est d'investir dans un petit appareil magique spécial bébé qui fait à la fois cuiseur et mixeur (plusieurs marques en proposent). Il suffit de mettre les légumes ou les fruits, préalablement lavés, épluchés et coupés en morceaux dans l'appareil, et de faire cuire le tout. Ensuite, on mixe. Et voilà une super-purée de super papa ! Carotte-courgette-poulet, brocoli-pomme de terre-poisson, pomme-banane : tout est permis. De plus, cela peut être l'occasion, pour vous aussi, de manger plus équilibré !

✓ Si je n'ai aucune envie de cuisiner, si je n'ai pas le temps ou si j'ai oublié de passer chez le primeur acheter des légumes (ou pour toute autre

→

raison), **je peux aussi choisir la solution petits pots.** Les recettes sont élaborées pour répondre aux besoins nutritionnels des bébés à chaque âge : il suffit de suivre ce qui est indiqué sur l'étiquette.

✓ À la moindre question (les frites, c'est permis ? Et le fromage, il a le droit d'en manger à quel âge ?), **je demande conseil au pédiatre.** Il est là pour ça aussi, pas juste pour soigner les petits et les gros bobos.

Le calendrier des découvertes

Quel légume et quel fruit lui donner quand il commence à manger ? À quel âge peut-il manger du camembert ? Et des pâtes ? Découvrez toutes les réponses à vos questions dans ce tableau !

Quoi	Quand
Légumes	**À partir de 4/5 mois :** carotte, courgette (sans la peau), blanc de poireau, potiron, panais, haricot vert extrafin. **À partir de 6 mois :** fond d'artichaut, brocoli, fenouil, navet, patate douce, asperge. **À partir de 8 mois :** chou-fleur, épinard, maïs, petit pois, poivron, tomate, aubergine. **À partir de 10 mois :** avocat, betterave cuite, céleri, champignon.

→

Fruits	**À partir de 4/5 mois :** abricot, poire, pomme. **À partir de 6 mois :** banane, agrumes (jus), pêche, nectarine. **À partir de 8/9 mois :** fraise, framboise, prune, raisin, melon, ananas. **À partir de 10 mois :** rhubarbe. **À partir de 15/18 mois :** fruits exotiques.
Produits laitiers	**À partir de 5-6 mois :** yaourt nature, fromage blanc nature, petit-suisse nature. **À partir de 6 mois :** crèmes dessert maison. **À partir de 7-8 mois :** gruyère râpé, roquefort, bleu, camembert fondu... **À partir de 8 mois :** crème fraîche liquide.
Viande, poisson, œufs	**À partir de 6 mois :** poulet, dinde, veau, jambon blanc dégraissé, bœuf, agneau, poissons maigres frais (cabillaud, colin, daurade, sole, lotte, raie...), jaune d'œuf cuit (attention toutefois aux risques d'allergie). **À partir de 10 mois :** sardines en boîte (sans peau et sans arêtes). **À partir de 12 mois :** mouton, gibier, poissons gras frais (saumon, thon, hareng...), blanc d'œuf cuit.

→

Féculents, céréales et légumineuses	**À partir de 6 mois:** pomme de terre, petites pâtes, crème de riz. **À partir de 7/8 mois:** vermicelles, pain, semoule de blé, polenta, tapioca, biscuits pour bébé… **À partir de 9 mois:** croûton de pain, flocons de céréales à cuire (avoine, riz…), légumineuses mixées (lentilles, pois cassés…). **À partir de 11/12 mois:** riz blanc en grains…
Matières grasses ajoutées	**À partir de 6 mois:** beurre, huiles végétales. **À partir de 8 mois:** crème fraîche liquide.

Comment éviter les «beurk»?

C'est inévitable: à un moment ou à un autre, votre bébé va vous recracher la cuillerée de purée que vous venez de lui mettre dans la bouche. Ou ne vouloir se nourrir que de pâtes et de chocolat. Un peu comme vous, peut-être?

Ma mission de super papa:

✓ **Je lui montre l'exemple!** Comment le motiver à finir son assiette de légumes verts si moi-même je fais la grimace quand le plat arrive à table? Ou si je ne me nourris que de pizzas surgelées, de →

chips et de saucisses industrielles ? Allez, un petit effort, je finis mon bol de soupe... avec le sourire !

✓ **Je persévère.** Aujourd'hui, il a décidé de recracher le petit morceau de fromage que vous venez de lui donner ? Retentez l'expérience un autre jour. Les enfants ont besoin d'un peu de temps pour s'habituer aux nouveaux goûts.

✓ **Je diversifie au maximum ses repas.** Comment ? En lui faisant découvrir un maximum d'aliments, mais aussi en les cuisinant et en les présentant de différentes manières. C'est la clé pour éveiller sa curiosité... et son appétit.

Il ne ferait pas ses dents, par hasard ?

Un bébé fait généralement ses premières dents vers 6 mois. Mais certains se montrent très précoces, et débutent le boulot vers 3 mois et demi ou 4 mois. Comment vous le saurez ? C'est très simple, vous allez l'entendre ! Votre bébé, d'habitude si a-do-ra-ble, se met soudain à pleurer à

tout bout de champ, il se montre grognon, refuse son biberon, se met les doigts dans la bouche, ses joues sont toutes rouges, il bave beaucoup... Bingo, c'est sûrement ça ! Préparez-vous, car ce n'est que le début.

Ma mission de super papa :

✓ **J'évite de suivre les conseils de ma mère ou de ma grand-mère sur le sujet.** Le morceau de sucre pour lui râper la gencive, c'est dépassé. Et un peu barbare aussi ! On peut soulager la douleur avec beaucoup plus de douceur...

✓ **Je lui achète un anneau de dentition** qu'il pourra mordiller quand bon lui semble. On en trouve dans toutes les pharmacies ou, si j'ai l'occasion d'y aller, dans les magasins de puériculture – et même dans certains supermarchés ! Certains se mettent au réfrigérateur (le froid a un effet apaisant).

✓ **Je demande conseil au pédiatre ou au pharmacien :** il existe en effet des gels à base de plantes à appliquer sur les gencives douloureuses pour les soulager. Autre solution possible : un traitement homéopathique efficace (Camilia).

✓ **Je lui donne du paracétamol** (en sirop, spécial bébé) si les douleurs sont trop intenses et/ou accompagnées d'une fièvre persistante (qui dure plus d'une journée). En suivant scrupuleusement les indications données par le médecin ou celles de la notice.

→

✓ **Je lui fais de gros câlins.** Car rien de tel que les bisous de son papa pour apaiser un bébé...

✓ Une fois que ses dents sont bien là, **je peux lui apprendre à se brosser les dents**, généralement vers 18 mois. J'utilise pour cela une brosse à dents spéciale enfants et un peu d'eau (le dentifrice est inutile avant qu'il ne sache recracher, pas avant 2 ou 3 ans), et je lui montre les gestes à faire. Les bonnes habitudes se prennent très tôt !

Dents : attention, planning serré !

La nature est bien faite : les dents d'un bébé poussent généralement dans un ordre bien précis. Les incisives d'abord, suivies par les molaires et les canines. Le calendrier lui aussi est souvent le même, à quelques semaines près. Voici des repères utiles pour vous donner un ordre d'idées (en sachant qu'il est inutile de vous ruer chez le dentiste si votre enfant n'a toujours pas de dents à 10 ou 11 mois, car cela peut dépendre des enfants !).

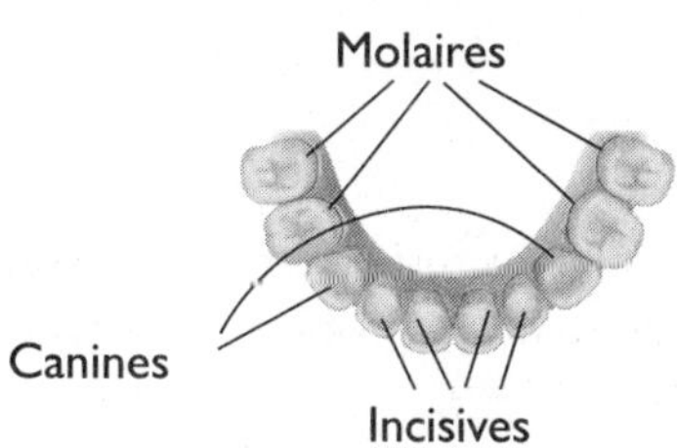

→

- Entre 6 et 8 mois : les deux premières incisives du bas.
- Entre 8 et 10 mois : les deux premières incisives du haut.
- Entre 10 et 14 mois : les deux autres incisives du haut et les deux autres incisives du bas.
- Entre 12 et 18 mois : les quatre premières molaires.
- Entre 12 et 24 mois : les quatre canines.
- Entre 20 et 30 mois : les dernières molaires.

Il peut avoir des caries à son âge ?

La réponse est oui, contrairement aux idées reçues ! Les causes des caries chez les tout-petits peuvent être liées à la tétine, mâchouillée toute la journée, à la consommation de boissons sucrées, au biberon (surtout si vous le laissez s'endormir avec un biberon de lait) ou à une prédisposition génétique. Les caries sont gênantes, même sur des dents de lait, car elles peuvent entraîner une perte prématurée de ces dents et, à terme, une mauvaise implantation des dents définitives. D'où l'intérêt d'adopter de bonnes habitudes : on se lave les dents au moins une fois par jour dès 18 mois, on évite la tétine, les friandises et les boissons sucrées, et on se rend chez le dentiste régulièrement (à partir de 3 ou 4 ans).

Enfin tranquille la nuit ? Pas si sûr !

Votre bébé est maintenant un grand : il fait ses nuits. Peu importe l'âge (certains s'y mettent à 6 semaines, d'autres beaucoup plus tard !), ne vous imaginez pas que vous n'allez plus jamais être réveillé la nuit. Voici le programme des réjouissances :

- **Jusqu'à 2 ans (ou parfois plus), le moment du coucher peut être un peu difficile : crise de colère, grosses larmes...** Pour certains enfants, l'heure du coucher rime avec séparation. D'où l'importance de prendre son temps pour se dire au revoir, rassurer l'enfant, lire une histoire...
- **Entre 2 et 6 ans : les cauchemars peuvent réveiller votre enfant** (et vous) en pleine nuit. Monstre sous le lit et sorcière derrière les rideaux sont autant de causes de pleurs nocturnes. Sachez tout d'abord que les cauchemars sont normaux et même constructifs : ils permettent à l'enfant d'exprimer ses peurs. La solution ? Rassurer l'enfant, lui installer une petite lumière dans sa chambre, voire faire l'inspection de sa chambre le soir pour vérifier qu'aucun monstre ne s'est caché sous le lit.

• **Entre 2 ans et... très tard : le pipi au lit !** Votre enfant, propre le jour, ne veut plus mettre de couches la nuit ? Résultat : vous devez vous lever une (voire plusieurs) fois par nuit pour le changer de la tête aux pieds, ainsi que son lit. Rassurez-vous : l'énurésie nocturne (c'est son nom scientifique) n'est pas une maladie ni physique ni psychologique. Les causes sont très nombreuses : arrivée d'un petit frère ou d'une petite sœur, fréquentation d'une nouvelle crèche, séparation des parents... Elle se règle le plus souvent d'elle-même, à condition de gérer les choses en douceur (voir ci-dessous).

Pipi au lit : que faire ?

- Inutile tout d'abord de gronder ou punir votre enfant : le pipi au lit est involontaire. En réagissant brutalement, vous ne feriez que stresser davantage votre enfant.
- Évitez qu'il ne boive trop avant de dormir.
- Incitez-le à faire pipi avant d'aller se coucher.
- Félicitez-le quand il ne fait pas pipi la nuit.
- Si le problème persiste ou le rend triste, demandez conseil à votre pédiatre.

Entre 3 et 5 ans : les terreurs nocturnes. En résumé, cela donne la chose suivante : vous êtes réveillé en pleine nuit par des hurlements dignes de votre film d'horreur préféré. Votre enfant est assis ou debout dans son lit et ne cesse de pleurer. Rien ne le console, et cela peut durer un bon quart d'heure. Rassurez-vous : ce phénomène, certes impressionnant, n'est pas grave. En réalité, votre enfant dort et ne se souviendra de rien le lendemain matin. La meilleure chose à faire dans ce cas est de prendre l'enfant dans ses bras et de le bercer jusqu'à ce qu'il se calme. On estime que 3 % des enfants en sont victimes, principalement les petits garçons.

Ma mission de super papa :

✓ **Je ne plaisante pas avec le coucher :** on va au dodo tous les jours à la même heure, ou à peu près. Même les soirs où papa rentre plus tard du travail ! Pour cela, il faut instaurer des règles avec la maman. C'est aussi la condition numéro 1 pour avoir des soirées tranquilles...

→

✓ **J'évite de l'exciter juste avant le dodo,** en faisant du hue-dada ou en chahutant. Sinon, gare à la crise !

✓ **J'instaure un petit rituel :** on lit une histoire, on fait un gros câlin ou un bisou à doudou, on regarde les photos des papis et mamies... Après une longue journée de séparation – moi au boulot, lui à la crèche –, c'est un moment privilégié à ne pas rater. Cela peut être un soir sur deux, en alternance avec la maman par exemple.

✓ **Je le couche dès les premiers signes de fatigue :** il se frotte les yeux, ronchonne, bâille...

✓ Les soirs où je prévois de rentrer plus tard, **je l'explique à mon enfant** le matin en partant.

✓ **Je l'empêche de venir se coucher dans notre lit** en pleine nuit. Sinon, c'est le début de la fin.

Il ne lui manquait plus que la parole...

À quel âge va-t-il enfin dire « papa » ? Tout dépend des enfants. Certains prononcent ce mot magique vers 9 mois ou 1 an ; d'autres se mettront en tête de vous appeler « maman » jusqu'à leurs 2 ans. Bref, encore une fois, il n'y a pas de règle en la matière. La seule chose à savoir est que le langage se développe très tôt chez les enfants.

- Dès les premières semaines, **il babille** : areuh, ô-ô-ô... Même s'il ne sait pas vraiment parler, il sait communiquer. Le regard et les mimiques sont importants.
- À partir de 6 mois, **il commence les bababa, papapa...** Mais pas d'emballement : cela ne signifie pas encore qu'il vous appelle « papa ». En fait, c'est le sens que vous allez, vous, donner à ces sons qui va lui permettre de comprendre, petit à petit, la portée de ce qu'il dit (« Ooh, tu as dit "papa", mais oui, c'est moi ! »).
- À partir de 9-12 mois, **il prononce ses premiers mots** : doudou, chat, meuh, papa, maman...
- À partir de 18 mois, **il fait ses premières « phrases »** : maman partie, Bébé dodo, Bébé pleure...
- À partir de 2 ans ou 2 ans et demi, **ses phrases deviennent plus complexes** : le chat est dans l'arbre, papa et maman mangent...

Ma mission de super papa :

✓ **Je communique avec lui.** C'est essentiel de lui montrer qu'on l'écoute, même s'il ne parle pas encore. Dès qu'il est tout petit, il faut prendre →

l'habitude de s'adresser à lui, en le regardant bien dans les yeux.

✓ **Je l'encourage** en le félicitant, en lui apprenant des nouveaux mots (voiture, chat, purée, maison, chaussure, pain...) et en associant les gestes à la parole (je mets mes chaussures, je conduis la voiture)...

✓ **Je lui donne le goût des mots** en lui lisant des histoires, en jouant avec les mots, les sons et les phrases (Toto est dans le bateau...).

✓ **J'arrête de dire des gros mots !** Un bébé, ça entend et enregistre tout, et un jour, ça répète tout ! Alors autant prendre les devants dès maintenant.

Premiers pas, premiers gadins

Apprendre à marcher, c'est un grand changement pour votre bébé... et pour vous aussi. Les plus précoces font leurs tout premiers pas vers 8 ou 9 mois. Certains enfants ne se lancent pas avant 18 mois, et mettent encore un petit bout de temps avant de lâcher la main. Tout dépend des enfants, et il n'y a aucune raison de s'inquiéter sur un éventuel retard.

Ma mission de super papa :

✓ **Je ne force pas mon bébé à se mettre debout ou à se lancer.** Même si j'ai hâte de jouer au foot avec lui (ou elle). À chacun son rythme !

✓ **Je l'encourage à se lancer** s'il manifeste le désir de marcher tout seul. Pour l'aider, je peux lui offrir un chariot ou un jouet spécialement conçu pour les premiers pas. J'évite en revanche les trotteurs ou youpalas (selon les spécialistes, cela empêcherait l'enfant de développer correctement les muscles de ses jambes ; il y a également des risques d'accidents – chutes dans des marches ou chocs contre des meubles).

✓ **S'il tombe, je le relève et lui fais un gros câlin.** Et je l'incite tout de suite à se remettre sur ses pieds.

✓ En cas de bosse (il y en aura forcément au début), **je sors la trousse à pharmacie magique** (voir p. 178). Et je n'oublie pas le gros bisou !

À quel âge ses premières baskets ?

Vous rêvez de lui acheter ses premières baskets à la mode ? Pas de précipitation ! Tant que votre enfant ne marche pas, il est inutile de lui mettre des chaussures. Les spécialistes conseillent même de laisser les enfants pieds nus lorsqu'ils apprennent à marcher afin que leurs pieds se développent correctement. Ainsi, il trouvera plus facilement son équilibre et saura plus vite coordonner ses

→

pas. Une fois qu'il marche, en revanche, il lui faut de bonnes chaussures. On évite donc les baskets qui tiennent mal aux pieds. L'idéal est d'opter pour des chaussures qui maintiennent bien le pied, fabriquées dans un matériau respirant (coton, cuir, toile...). Pour la taille, fiez-vous aux conseils d'un vendeur, qui mesurera le pied de votre enfant avec un pédimètre. Sachez enfin que les enfants prennent en moyenne 2 tailles par an jusqu'à 4 ans environ. Ça fait quelques paires de chaussures à acheter...

Bientôt propre ?

Comme la marche, la propreté fait partie des grandes étapes clés du développement de votre enfant. Mais ne vous imaginez pas qu'il va passer des couches au pot en deux temps trois mouvements. En général, cet apprentissage se fait sur une période de plusieurs mois, avec des progrès et surtout beaucoup de retours en arrière !

Ma mission de super papa :

✓ **J'attends que mon enfant soit prêt** (en général entre 18 et 24 mois). Mais inutile de le forcer à aller sur le pot si cela le fait pleurer. Je commence par lui en parler en douceur, avec éven-

→

tuellement quelques livres pour enfants dont les histoires tournent autour de cette grande étape.

✓ **Je le laisse prendre son temps.** Pour lui, le pot est surtout un jeu (en clair, il ne se passe pas grand-chose) ? C'est normal, laissez-le s'habituer.

✓ **Je le félicite quand il fait dans le pot.** Et aussi quand il ne fait pas ! L'essentiel est de l'encourager, mais sans trop en faire non plus (inutile de lui mettre la pression).

✓ **Je me prépare aux petits accidents,** surtout au début, et je ne le gronde pas pour ça : au contraire, je reste calme, patient et je l'encourage. Et je n'oublie pas que l'apprentissage de la propreté de nuit peut demander beaucoup plus de temps : couche recommandée pendant un moment encore !

Petits (et gros) bobos : appelez-moi George Clooney !

George Clooney ? Mais si, vous savez, il joue le pédiatre dans la série *Urgences*. On parie que votre femme le connaît très bien ! On vous donne toutes les clés pour assurer comme lui en cas de bobo.

Les basiques du super papa

Contre les petits bobos du quotidien, mieux vaut avoir les bons basiques. Rassurez-vous : cela se résume à peu de choses.

• **Un antiseptique local** (qui ne pique pas): pour désinfecter les plaies, les petits bobos...
• **De l'arnica,** en gel de préférence: pour les bosses, les bleus... Ou bien en granules.
• **De la Biafine,** pour les petites brûlures sans gravité.
• **Du sérum physiologique,** en petites dosettes, pour nettoyer les yeux, le nez (en cas de rhume...).
• **Du paracétamol en sirop** (adapté aux enfants), en cas de fièvre ou de douleur. On veille à respecter à la lettre le dosage, qui se fait en fonction du poids de l'enfant.
• **Des pansements** de toutes tailles, imperméables si possible – et avec des petits dessins, ça passe encore mieux!
• **Des bandes de gaze stériles**: pratiques pour les bobos un peu étendus ou dans les zones où les pansements ne collent pas bien.

Pour le reste, on évite l'automédication, surtout chez les enfants. Pas question donc de lui donner une cuillère du sirop contre la toux que vous a personnellement prescrit le médecin. Ou de lui administrer, de votre propre chef, un médicament qui avait bien marché lorsqu'il avait le même mal de ventre il y a quelques semaines...

Pédiatre, SAMU ou urgences ?

Vous êtes du genre papa stressé qui court chez le pédiatre dès que son enfant éternue ou qui se rue aux urgences dès que sa température dépasse les 38 °C ? On ne peut pas vous en vouloir d'être aux petits soins ! Mais pour éviter les angoisses inutiles, mieux vaut apprendre à distinguer ce qui est grave de ce qui ne l'est pas.

On consulte le pédiatre si :

- Sa température rectale est supérieure à 38,5 °C depuis plus de 2 jours. Et si cela persiste malgré la prise de Doliprane. Attention, chez un bébé de moins de 3 mois, on ne donne pas de Doliprane sans avis du médecin et on consulte dès que la température est supérieure à 38 °C.
- Il a une diarrhée ou vomit depuis 12 heures ou plus. Surtout si cela est associé à de la fièvre.
- Ses selles contiennent du sang. Ou quand il vomit un peu de sang.
- Il a une brûlure étendue (plus de 3 cm), surtout si la peau se couvre de cloques. Idem pour les coups de soleil s'ils sont accompagnés de cloques et/ou étendus.
- Il pleure sans raison apparente, et il est impossible de le calmer.

- Il a des plaques rouges ou des boutons inhabituels sur la peau.
- Il a une toux sèche et respire bruyamment.

On appelle le SAMU (15) si :

- Il est inconscient, sans tonus.
- Il souffre de convulsions pour la première fois (forte fièvre, perte de connaissance et contractions soudaines). Le médecin du Samu vous prescrira alors un médicament à donner à votre enfant si une nouvelle crise se produit. En cas de seconde crise, administrez ce médicament à votre enfant, puis prenez un rendez-vous rapide chez votre médecin afin de déterminer les causes de cette fièvre (mais inutile d'appeler le SAMU).
- Il a du mal à respirer, surtout si sa peau et ses lèvres commencent à bleuir.
- Il a avalé un produit toxique ou un médicament, surtout s'il ne se sent pas bien.

On file aux urgences si :

- Il s'est coupé profondément. En route, on appuie sur la coupure avec un linge propre.
- Il est tombé et a très mal à une jambe, un bras... Ou bien il a une grosse bosse sur la tête.

Pour le reste, on garde son calme ! On ne donne surtout pas de médicaments à l'enfant de sa propre initiative. En cas de doute, on peut toujours aller voir son pharmacien, ou bien passer un coup de fil à son pédiatre. Même si c'est juste pour se rassurer.

J'appelle le SAMU ou pas ?

La situation a l'air inquiétante, mais vous ne savez pas s'il y a réellement urgence : en cas de doute, n'hésitez pas à appeler le SAMU. Le standardiste saura, lui, si c'est urgent ou non. Si ça l'est, il vous enverra un véhicule. Si ça ne l'est pas, il vous passera le médecin régulateur du SAMU. Celui-ci vous posera les questions médicales d'usage et estimera la gravité de la situation. Il pourra surtout, si ce n'est pas grave, vous rassurer et vous indiquer quoi faire pour soigner et soulager votre enfant. Bien pratique un dimanche à 4 heures du matin !

Fièvre : je fais quoi ?

Chez les enfants, la fièvre est fréquente mais souvent sans gravité. C'est le signe que l'organisme se défend contre une infection.

Il faut tout d'abord savoir que la température d'un enfant bien portant se situe entre 36,5 et 37,8 °C. On considère donc qu'il a de la fièvre au-delà de 38 °C. Dans ce cas, voici les bons réflexes à adopter :

- Habillez votre enfant avec des vêtements légers, en coton. Mais ne le déshabillez pas entièrement, sinon il risque d'avoir des frissons. Si possible, rafraîchissez la maison en diminuant le chauffage ou en aérant (18-20 °C maximum).
- Faites-le boire beaucoup, de préférence de l'eau.
- Si la fièvre dépasse 38,5 °C et/ou que votre enfant ne la supporte pas bien (pleurs, refus de manger...), donnez-lui du paracétamol en sirop. Veillez à bien respecter le dosage (il est proportionnel au poids) et les heures de prise mentionnés sur la notice.

À retenir :

- Au moindre doute, appelez votre médecin ou demandez conseil à votre pharmacien.
- Si la fièvre dure plus de 2 jours et/ou que le paracétamol ne la fait pas diminuer, consultez.
- Si la fièvre atteint ou dépasse les 41 °C, consultez en urgence.
- Si la fièvre (+ de 38 °C) touche un bébé de moins de 3 mois, il faut l'emmener directement chez le pédiatre. Ne lui donnez jamais de médicament.

CHAPITRE 2

Entre autorité et complicité

Vais-je réussir à me faire obéir ? Est-ce que je ne vais pas être trop laxiste, ou bien trop sévère ? Comment vais-je arriver à poser des règles à mon enfant tout en lui montrant que je l'aime ? Bref, comment vais-je faire pour être un super papa ? Autant de questions que vous avez sûrement en tête...

C'est qui le chef à la maison ?

Fini l'image du père de famille « à l'ancienne », du *pater familias* qui incarnait l'autorité et la sévérité, du tandem papa qui gronde et maman qui console. Les pères d'aujourd'hui ont bien changé. Selon un récent sondage*, 54 % des parents interrogés considèrent que les papas d'aujourd'hui sont moins autoritaires que ne l'étaient leurs propres pères (et 26 % qu'ils ne le sont ni plus, ni moins). Ce qui ne veut pas dire que l'autorité à la maison, c'est accessoire, bien au contraire ! Petits conseils pour trouver la bonne attitude.

- Votre enfant met les pieds sur la table ? Jette par terre la nourriture ? Hurle à la caisse du supermarché car il veut un paquet de bonbons ? Soyez ferme en lui montrant que tout cela est interdit. Inutile de culpabiliser en vous disant que vous entravez sa personnalité, que vous aliénez sa liberté ou que vous lui dites non pour avoir la paix. Ce que vous faites, vous le faites pour son bien. **Un enfant a besoin de limites pour se construire.** Cela lui permettra, plus tard, de se poser des limites à lui-même, de mieux gérer les interdits du monde qui l'entoure, sans frustrations et sans angoisses.
- Un papa qui sait mettre des limites à son enfant et se faire obéir est aussi **un papa**

* « Les nouveaux pères sont-ils des pères idéals ? », Ipsos, juin 2004.

rassurant. Celui qui va le défendre contre les monstres cachés sous le lit la nuit, ou les voleurs qui peuvent entrer dans la maison... Et cela peut désamorcer beaucoup d'angoisses.

- Autre point essentiel : il faut **expliquer – ou, mieux, montrer – à un enfant que les interdits que vous lui posez sont des interdits que vous respectez vous aussi.** On ne met pas les pieds sur la table (même la table basse du salon quand on regarde la télé), on ne jette pas la nourriture par terre (ni les papiers dans la rue), etc.
- Inutile de préciser que sur toutes ces règles et ces interdits, **les deux parents doivent être d'accord.** Et s'ils ne le sont pas, qu'il faut absolument éviter d'exprimer ses différences d'opinion devant son enfant, qui n'y comprendrait plus rien.

Élever un garçon ou une fille, c'est différent ?

Sur la question, les idées reçues sont nombreuses : les filles seraient plus calmes, obéissantes et câlines, les garçons plus agités, rebelles et durs. Votre histoire personnelle peut vous aussi influencer : vous pouvez par exemple être persuadé qu'élever un garçon est plus difficile, car vous-même en avez fait baver à vos parents quand vous étiez petit. Mais la réalité des faits est tout autre. Quel que soit son sexe, chaque enfant est différent et son éducation est un vrai défi quotidien.

Dans la pratique, même si l'on est persuadé qu'on élèverait une fille ou un garçon de la même façon, certains de nos choix, parfois inconscients, prouvent le contraire : on offre plus facilement une poupée à une petite fille, et une voiture à un petit garçon. Des études* ont aussi montré que les parents emploient davantage de mots compliqués avec une petite fille qu'avec un petit garçon, car les filles ont un vocabulaire plus riche.

Même si les parents font attention à ne pas faire de différence, la société leur renvoie en permanence le stéréotype de la différence des sexes. La meilleure chose à faire est de rester vigilant sur certains choix : les jouets, les livres, les activités, l'orientation scolaire... Retenez aussi que l'image que vous donnez à la maison, notamment dans la répartition des tâches ménagères, est essentielle !

---

* Leaper C., Anderson K. J., Sanders P., "Moderators of gender effects on parents' talk to their children: a meta-analysis", *Developmental Psychology*, janvier 1998.

Prêt à surmonter ces épreuves ?

Une vie de super papa est loin d'être un long fleuve tranquille ! Certaines périodes du développement de votre enfant sont difficiles à gérer. À tel point que les psys et les professionnels de l'enfance ont mis des mots sur ces grandes étapes. Petit zoom sur les trois principales.

• **L'angoisse de la séparation :** vers 8-10 mois, votre enfant commence à comprendre qu'il est un être à part entière et donc qu'il peut être séparé de ses parents. Résultat : il refuse de quitter vos bras et se met à hurler dès qu'il voit une personne étrangère.

Ma mission de super papa :

✓ **Je le rassure en lui parlant,** en lui expliquant que je m'absente quelques heures, mais que je vais revenir. Surtout pas de départ « en douce ». Même s'il ne comprend pas encore tous les mots que je lui adresse, il comprend, grâce à mon ton rassurant, qu'il n'y a pas lieu de s'inquiéter.

✓ **Je l'habitue à voir du monde.** Mais pas trop de personnes à la fois pour ne pas l'effrayer tout de même.

✓ **Je joue avec lui à « coucou-beuh » (ou coucou-caché),** pour l'habituer à ne plus me voir. Et lui faire comprendre que même quand je disparais, je reviens toujours !

- **Le « terrible two » :** entre 18 mois et 2 ans et demi (le *two* fait ici référence aux 2 ans), votre enfant commence à mordre et à taper les autres enfants. Il dit non tout le temps, fait des crises de colère et de rage, refuse de manger, arrache les jouets des mains des autres enfants... Bref, votre adorable bambin s'est transformé en minimonstre !

Ma mission de super papa :

✓ **Je suis ferme.** Si mon enfant tape ou mord, j'interviens tout de suite en lui disant que cela est interdit. Et surtout en mettant en valeur la meilleure conduite à tenir avec les autres : être gentil, serviable, poli...

✓ **Je dédramatise.** Si mon enfant refuse de manger, je ne rentre surtout pas dans le conflit et dans la lutte (c'est lui qui gagnerait !). Mieux vaut gérer le problème en accordant davantage d'autonomie à mon enfant : tu préfères le yaourt ou la pomme ? C'est d'ailleurs ce qu'il demande en disant non tout le temps : avoir le droit lui aussi, comme un grand, de faire des choix.

✓ **Je l'ignore.** Quand l'enfant entre en crise, inutile d'en rajouter en le menaçant d'aller au coin ou d'être privé de dessert. Mieux vaut qu'il retrouve son calme tout seul (mais je veille à ne pas le quitter des yeux tout de même).

• **L'Œdipe :** entre 3-4 ans et 7-8 ans, l'enfant est attiré par le parent du sexe opposé (mais aussi, parfois, par le parent du même sexe). Pour simplifier, le petit garçon, amoureux de sa mère, entre en conflit avec son père, alors que la petite fille tente à tout prix de séduire son père et ne veut qu'une chose : se marier avec lui. C'est un passage normal qui va de pair avec la découverte des organes génitaux, et donc du plaisir. Mais pas facile à gérer au quotidien !

Ma mission de super papa :

✓ **Je montre à mon enfant que certains comportements sont inappropriés entre nous.** Par exemple se faire un bisou sur la bouche. L'idée est de lui expliquer que c'est quelque chose qui se fait entre des amoureux (ce qui n'est pas notre cas), et non entre un père et sa fille.

✓ **Je mets une barrière entre mon intimité de couple et ma relation avec mon enfant.** Un petit garçon amoureux de sa maman est toujours prompt à se glisser dans le lit familial pour faire des câlins. Ok pour les câlins mais pas dans le lit ! Et ce n'est pas parce que, cette nuit, maman n'est pas là, que ma petite fille a le droit de dormir dans notre lit, à sa place ! Il faut surtout veiller à ne pas tout mélanger.

Des moments à partager

Être un super papa, ce n'est pas seulement assurer l'autorité et gérer les périodes difficiles. C'est aussi savoir donner de son temps pour partager des moments ensemble. Oui mais, quelle activité faire à quel âge ? Voici quelques pistes...

Jeux et joujoux

Vous avez hâte que votre enfant joue (avec vous) aux petites voitures. Ou de lui offrir sa première poupée ou son premier train électrique. Chaque chose en son temps ! Et surtout à chaque âge ses jouets d'éveil adaptés. Voici quelques petits repères bien utiles si vous voulez lui offrir un cadeau. Mais n'oubliez pas que les enfants adorent aussi jouer avec tout ce qui leur tombe sous la main : boîtes en plastique, emballages en carton, cuillères en bois, bouteilles plastique... Inutile donc d'en faire trop en lui offrant tout le rayon de jouets !

- **De la naissance à 6 mois** : tapis d'éveil avec éventuellement un portique (pour accrocher des joujoux), mobile, hochets, peluches, anneaux de dentition, livres en tissu...

• **De 6 à 12 mois :** jouets qui s'empilent ou s'encastrent (cubes), jouets qui font du bruit ou de la musique, ballon, tableau d'activité, jouets pour le bain, livres en carton épais...

• **De 12 à 18 mois :** objets à tirer, porteur, jouets qui s'encastrent, livres d'histoires (à lire ensemble) avec des volets qui s'ouvrent...

• **De 18 à 24 mois :** jeux de construction, ardoise magique, crayons et pastels, gommettes, instruments de musique, puzzles avec de grosses pièces, poupées, voitures, livres d'histoires...

• **De 2 à 3 ans :** tricycle, jeux de société, puzzles, jeux d'imitation (dînette, mallette de docteur, caisse à outils...), livres, feutres (lavables !), pâte à modeler... Autre bonne idée : les dominos ! Ils peuvent être utilisés de multiples façons : selon la règle du jeu classique, mais aussi en 3D (on les empile et on évite de les faire tomber !).

Je lui achète une tablette tactile... ou pas ?

Votre tablette, vous ne la quittez jamais de la journée. Il est donc normal que votre enfant s'y intéresse aussi, tout comme il s'intéresse à votre téléphone portable. D'ailleurs, les fabricants de jouets ont bien compris la tendance et proposent désormais des tablettes tactiles pour les enfants dès 18 mois ! Alors, bonne ou mauvaise idée ? Tout dépend en fait de l'usage que vous – et donc votre enfant – allez en faire. Si vous le laissez devant sa tablette des heures durant, pour avoir la paix, et qu'il ne fait plus aucun autre jeu « classique » (puzzle, vélo, dessin...), cela pose un problème certain pour son développement. Mais si la tablette n'est qu'un jeu parmi d'autres et qu'il n'y devient pas accro (comme vous !), il n'y a aucun souci. Comme toujours, tout est question de mesure et d'équilibre.

Et la télé ?

Très tôt, les bébés sont fascinés par la télévision. Et pourtant, les professionnels de l'enfance le martèlent : la télévision a des effets néfastes sur le développement des tout-petits. Et ils s'accordent pour dire qu'**il ne faut pas mettre un enfant devant un écran avant 3 ans,** même devant un programme qui lui est spécialement destiné. C'est d'ailleurs l'un des chevaux de bataille de Serge Tisseron,

→

psychiatre et psychanalyste. Selon lui, entre 0 et 3 ans, un tout-petit doit utiliser ses cinq sens pour bien se développer. Or la télévision entrave ce développement, et prive l'enfant des relations aux autres, avec tous les dangers que cela entraîne : retard dans le développement du langage et de l'intelligence, baisse de la sociabilité, passivité, ennui...
Et après 3 ans ? Là encore, les spécialistes de l'enfance mettent en garde les parents. Il ne faut jamais laisser un enfant seul devant la télévision. L'idéal : profiter du programme qu'il regarde pour engager le dialogue. Le rôle du parent est donc de poser des limites strictes. On peut regarder la télé entre telle heure et telle heure, et non quand l'enfant le décide. À vous aussi de déterminer quel programme votre enfant peut regarder. Une fois que celui-ci est terminé, on éteint. Pas question de lui apprendre à zapper !

Côté jeux à faire ensemble, voici quelques idées :

- **De la naissance à 3 mois :**
  - Bébé apprécie quand vous êtes tout près de lui. Approchez votre visage, regardez-le bien dans les yeux et faites-lui des sourires et des grimaces. Très vite, il essaiera de vous imiter.
  - Chantez-lui des chansons : il aime aussi beaucoup le son de votre voix. Vous vous

rendrez compte très vite que certains airs ont un pouvoir magique sur lui et peuvent calmer une crise de pleurs.

- **De 3 à 6 mois :**
  - Bébé adore quand vous faites le clown, que vous transformez votre voix ou lui faites des grimaces. Alors lâchez-vous !
  - Il commence aussi à attraper des objets, alors incitez-le à saisir des jouets qui font du bruit, de la musique... Agitez-les devant ses yeux afin de susciter son intérêt, et de l'encourager à bouger ses bras et ses jambes.

Et si vous appreniez la langue des signes avec votre enfant ?

Pratiquer la langue des signes (la même qui est utilisée pour communiquer avec et par les personnes sourdes) avec son bébé, cela vous paraît être une drôle d'idée ? Détrompez-vous, c'est une tendance qui se développe de plus en plus. L'idée est de pouvoir communiquer avec son enfant avant même qu'il n'apprenne à parler. On peut commencer cette activité vers 7-8 mois, avec des signes simples : « manger », « au revoir », « encore », « dormir », « chut »... D'ailleurs, vous savez déjà en faire quelques-uns sans même vous en rendre →

compte ! Un jeu rigolo qui a l'avantage, en plus, de **l'aider à développer son vocabulaire et son sens de la communication, mais aussi de permettre de mieux répondre à ses besoins**. À la clé, moins de pleurs et de crises, car votre enfant sait se faire comprendre plus vite.

En pratique, de nombreux sites vous expliquent comment faire, et surtout vous expliquent les gestes de base :
www.signes-bebe.com,
http://languedessignesbebe.com,
www.signes2mains.fr...

De 6 à 12 mois :

- Le coucou-beuh ou coucou-caché : les bébés adorent et le manifestent en éclatant de rire.
- Quand Bébé commence à faire du quatre pattes, accompagnez-le. Et finissez la course avec un gros câlin.
- Imiter les cris des animaux (le chat, la vache, le chien...) : un grand classique, qui marche toujours. Idéal par exemple pour occuper un long trajet en voiture.

• **À partir de 1 an :**

- Les enfants adorent faire semblant : de cuisiner et de manger, de conduire une

voiture... Entrez dans son jeu et jouez ensemble à la dînette par exemple.
  - Chahuter est aussi une activité qu'ils adorent. Tout comme les guilis-guilis...
  - C'est aussi le bon moment pour lui apprendre à jouer au foot !
- **À partir de 2 ans :**
  - À partir de cet âge, jouer à cache-cache est un vrai plaisir pour les enfants.
  - Ils adorent aussi les déguisements : et si vous les fabriquiez ensemble ?
  - Les loisirs créatifs ont aussi la côte à cet âge : pâte à modeler, gommettes, peintures... N'oubliez pas le tablier !
  - C'est le bon moment pour lui faire découvrir des jeux de société... Une bonne manière d'apprendre la patience (on joue à tour de rôle) et les règles de la vie en société (attention à la triche !).

Petite sélection de jeux de société à partir de 2 ans

À partir de 2 ans : le Loto des couleurs (Nathan). Sur le principe classique du Loto, l'enfant apprend à identifier les couleurs. Avec cinq planches de couleurs différentes, six illustrations par planches et trente jetons.

À partir de 2 ans : Little Circuit (Djeco). Un plateau de jeu, quatre animaux sur la ligne de départ et un dé annonçant la couleur de la case où il faut avancer son pion. Une bonne manière de découvrir simplement les jeux de plateau.

À partir de 3 ans : Pic'pirate (Tomy). L'objectif : piquer des épées dans le tonneau du pirate sans le faire bondir. Un bon jeu pour apprendre la patience !

À partir de 3 ans : Domino La ferme (Djeco). Une face traditionnelle avec les nombres, et une autre avec des animaux de la ferme. Pour apprendre à compter et à identifier les animaux.

À partir de 4 ans : Jeu des sept familles des animaux (Oxybul). Un grand classique revisité pour les plus petits, avec des moutons coiffeurs, des lapins médecins, des vaches fleuristes...

Des idées de sorties ?

Piscine, cinéma, musées, parcs de loisirs... il existe des tonnes d'activités à faire avec un enfant. Voici quelques pistes adaptées à chaque âge pour occuper vos week-ends.

- **Avant 1 an :** tant que votre bébé est en poussette ou en porte-bébé, vous pouvez l'emmener partout (pas au cinéma ou au parc de loisirs, bien sûr), c'est assez facile. À vous les expos, les musées, les balades dans les parcs et jardins. Vous pouvez aussi l'emmener à la piscine : les cours de bébés nageurs sont ouverts aux bébés dès 4 ou 6 mois, et jusqu'à 4 ans. Renseignez-vous auprès de votre piscine habituelle.
- **À partir de 12-18 mois :** certaines mairies et/ou associations proposent des ateliers parents-enfants. Au programme : éveil musical, gym ou même yoga ! Certains théâtres et/ou troupes proposent également des mini-spectacles pour les enfants de cet âge.
- **À partir de 2 ans :** les activités deviennent plus nombreuses à partir de cet âge car l'enfant arrive à se concentrer sur une plus longue durée. Certaines mairies ou associations proposent par exemple des ateliers d'éveil musical, artistique... : renseignez-vous ! Certains cinémas programment des séances spéciales pour les petits avec des dessins animés assez courts (moins d'une heure), avec éventuellement des activités avant ou après la séance. Les musées sont aussi une

bonne idée de sorties. Certains sont spécialisés pour les petits (la Cité des enfants à Paris, par exemple), d'autres proposent des parcours et/ou des activités spécifiques.

- **À partir de 4-5 ans :** vous pouvez l'emmener au cinéma voir de vrais dessins animés d'une heure et demie. À partir de cet âge, vous pouvez aussi l'emmener toute une journée au parc de loisirs, il sera ravi !

10 parcs de loisirs originaux à découvrir ensemble

Vous connaissez les grands classiques, comme Disneyland Paris et le parc Astérix (tous les deux en région parisienne). Découvrez ici 10 nouvelles idées pour varier les plaisirs, dans tous les coins de la France !

❶ **Parc du Puy-du-Fou, à Les Epesses (85).** Il propose de nombreux spectacles, pour les petits et les grands, des villages reconstitués, des milliers d'animaux sauvages et de ferme... À partir de 5 ans. Plus d'infos sur **www.puydufou.com**.

❷ **Le bois des lutins, à Villeneuve-Loubet (06) et à Peypin (13).** Ces parcs proposent des parcours de filets au sommet des arbres, un village de cabanes perchées mais aussi, pour les plus petits, plusieurs hectares de jeux et de découvertes. À partir de 2 ans. Plus d'infos sur **www.leboisdeslutins.com**. →

❸ **Minotopia, le Royaume des Enfants, à Six-Fours-Les-Plages (83).** Une plongée dans le monde extraordinaire des trolls, des fées, des dragons et autres créatures fantastiques. Un parcours est spécialement réservé aux moins de 3 ans. Plus d'infos sur **www.minotopia.com**.

❹ **Le parc des labyrinthes géants, à La Roque-d'Anthéron (13).** Pour jouer à se perdre au milieu de 10 000 arbustes ! À partir de 4 ans. Plus d'infos sur **www.labyrinthe-geant.fr**.

❺ **Nigloland, à Dolancourt (10).** Au programme : plus de 37 attractions et spectacles pour tous les goûts. À partir de 3 ans. Plus d'infos sur **www.nigloland.fr**.

❻ **Cigoland, à Kintzheim (67).** Entièrement dédié à la cigogne, ce parc propose des animations et des manèges originaux. À partir de 1 an. Plus d'infos sur **www.cigoland.fr**.

❼ **Pirat'Parc, à Gruissan (11).** Pénétrez dans l'univers de Barberousse et des pirates, avec des attractions pour tous les âges. À partir de 2 ans. Plus d'infos sur **www.pirat-parc.com**.

→

8 Ty Bamboo, le jardin des manèges, à Dammarie-les-Lys (77). Les 30 manèges sont destinés aux enfants de 2 à 10 ans : petit grand huit, chaises volantes, toboggan géant... L'avantage : une grande partie d'entre eux sont couverts, ce qui permet d'y aller même quand il pleut. Plus d'infos sur **www.tybamboo.fr**.

9 Le Playmobil Fun Park, à Fresnes (94). Entièrement dédié au petit personnage, ce parc propose 11 aires de jeux différentes : château de princesse, ferme, safari, dinosaures... À partir de 3-4 ans. Plus d'infos sur **www.playmobil-funpark.fr**.

10 Legend'Aire, le parc aux 1000 lutins, à Aix-en-Provence (13). Un espace pour amuser tous les enfants entre 1 et 10 ans : piscine à balles, toboggan, mur d'escalade, mini-karting.... Plus d'infos sur **www.legend-aire.fr**.

CHAPITRE 3

Être un papa moderne

C'est quoi un « papa moderne » ?

On l'a dit plus haut (voir p. 183), les papas d'aujourd'hui ne ressemblent plus aux papas d'hier. Moins autoritaires et moins sévères, ils sont plus enclins à partager des bons moments avec leurs enfants, à chahuter, à faire des câlins, et à faire passer leur vie de famille avant tout le reste. Mais le papa moderne est aussi un papa multi-visage, qui reflète l'évolution de la société.

Un papa moderne, cela peut être...

- **Un papa au foyer ou qui travaille à mi-temps pour s'occuper de son enfant** (tandis que la femme travaille à temps complet). Voir p. 207.

- **Un papa divorcé ou séparé,** qui assume à temps partiel la charge de son ou ses enfants. Ou qui se bat pour obtenir la garde de sa progéniture. Car selon les chiffres du ministère de la Justice, dans plus de 74 % des cas, la résidence principale des enfants est confiée à la mère après un divorce. À lire : *Une semaine sur deux*, de Pacco (éditions Fluide Glacial). L'auteur y raconte son quotidien de papa célibataire, avec sa fille Maé.
- **Un papa solo,** qui assure tout seul l'éducation de son ou ses enfants, parce que la maman est partie ou parce que la garde exclusive lui a été confiée. Un statut qui suscite à la fois des sentiments contradictoires, mélange d'admiration et de doute sur ses compétences. D'ailleurs, alors que l'expression de « maman célibataire » est courante, on parle très peu de « papa célibataire »...
- **Un papa homo,** qui élève seul ou en couple avec une personne du même sexe un ou plusieurs enfants. Si le mariage homosexuel a été légalement approuvé, l'homoparentalité, elle, continue de susciter de vifs débats. Avec, à la clé, de nombreuses questions juridiques, sociologiques et éthiques.
- **Un beau-papa,** qui doit gérer le ou les enfant(s) de sa compagne, parfois en plus du ou des siens. Une situation qui est loin très rare :

elle concerne aujourd'hui, selon les chiffres de l'Insee, 600 000 ménages.

Papa 2.0

Un papa moderne, c'est aussi un papa qui raconte son quotidien sur son blog. Certains sont très bien faits : bons conseils, astuces pratiques, anecdotes... ils permettent surtout de se dire qu'on n'est pas le seul à se poser des questions sur l'éducation, ou à avoir du mal à gérer les crises ou les repas du petit dernier ! Petite sélection de nos incontournables.

- **www.papacube.com :** ou comment gérer trois petites filles, dont des jumelles. Un vrai défi quotidien !
- **www.papapoule.net :** entre conseils pratiques (comment moucher Bébé, comment choisir un porte-bébé) et clichés attendrissants pris par un vrai papa poule qui s'assume comme tel.
- **http://voilapapa.wordpress.com :** pour trouver des réponses à des questions existentielles comme « Avons-nous vraiment préparé la naissance ? », « Pourquoi les papas roulent (un peu trop) vite », etc.
- **www.je-suis-papa.com :** Olivier, papa d'une petite fille née en 2011, raconte son apprentissage de papa, avec ses aventures, ses angoisses, ses maladresses, ses coups de gueule... Forcément, ça nous parle !
- **www.papaonline.fr :** avec de vrais conseils pratiques comme « Comment partir en vacances à 4 avec une petite voiture » ou « Y a-t-il un bon moment pour sa première fois au cinéma ? ».

Concilier travail et vie de famille : les astuces

L'un des défis majeurs de votre nouvelle vie de papa : parvenir à concilier votre vie professionnelle et votre vie personnelle. En clair, réussir à dégager du temps pour votre enfant, en ne rentrant pas tous les soirs à 21 heures. Possible ? Oui, en adoptant ces petites astuces.

- **Organisez-vous au boulot.** C'est le maître-mot pour gagner du temps, et éviter de rentrer trop tard le soir. Fixez-vous un horaire à ne pas dépasser, quitte à ramener un peu de travail à la maison. L'essentiel est que vous soyez là pour le coucher de votre enfant, non ?
- **Revoyez vos horaires.** Peut-être pouvez-vous arriver un peu plus tôt le matin, et partir un peu plus tôt le soir ? Vous pouvez en parler avec votre hiérarchie, et trouver un compromis qui arrangera tout le monde. Vous pouvez aussi décider un passage à temps partiel (dans le cadre du congé parental, voir p. 146).
- **Adopter le télétravail** (total ou partiel) peut également être une bonne option, si votre employeur est d'accord et que ce système vous convient. Si ce télétravail est partiel, cela vous permettra d'être plus souvent à la maison,

et de pouvoir avoir des horaires plus souples (par exemple, vous pouvez travailler le soir et vous occuper de votre bébé l'après-midi). Mais attention cependant, cela demande une bonne organisation !

- **Pensez aussi aux RTT.** Un mercredi après-midi de temps en temps, c'est une bonne solution pour faire quelques activités avec votre enfant.

- Sachez enfin que **si votre enfant est malade**, vous avez le droit de prendre quelques jours pour vous occuper de lui. Chaque parent salarié dispose de 3 jours par an (5 si l'enfant a moins de 1 an) : ce sont les congés enfant malade. Ce congé est non rémunéré, sauf si votre convention collective prévoit le contraire.
- **Et la solution papa au foyer ?** En clair, c'est votre femme qui travaille et vous qui gardez les enfants. Selon vous, c'est le rêve ! Et pourquoi pas ? Même si dans les faits, très peu de papas font ce choix, sachez que vous avez jusqu'aux 3 ans de votre enfant pour prendre un congé parental (voir p. 146) durant lequel vous pouvez toucher une petite allocation. À vous de lister les pour et les contre... et de faire vos calculs. N'hésitez pas, aussi, à lire les blogs de papas au foyer : un bon moyen de se faire une vraie

idée de cette vie, avec tous ses atouts et ses petits soucis : **http://papalamaison.fr**, **www.tillthecat.com**, **http://blog2zhom.com**, **www.monhommeaufoyer.com** (écrit par la maman qui travaille)...

À quand l'égalité professionnelle papa-maman ?

Pour finir ce guide, nous avons décidé de ne pas nous voiler la face. Malgré toute notre bonne volonté, il faut reconnaître que, dans notre société, ce sont encore bien souvent les mamans qui gèrent les sorties de crèche, de nounou ou d'école, et le retour à la maison, les devoirs, le bain et le dîner. Selon une récente étude, les papas ne seraient que 9 % à sortir plus tôt du travail pour s'occuper de leurs enfants* ! Or, contrairement à ce que l'on pourrait croire, ce n'est pas parce qu'ils ne veulent pas s'investir davantage. **Mais le monde professionnel a encore bien des progrès à faire pour reconnaître à sa juste valeur le rôle de papa.** Manifester auprès de son employeur

* Source : étude « Maman travaille » dirigée par Marlène Schiappa, présidente de l'association Maman travaille, et Cédric Bruguière. Avec la participation de Julie Landour.

le désir de s'investir davantage dans sa vie familiale est souvent interprété comme le signe d'un désinvestissement de son travail. La solution : militer contre l'inégalité professionnelle, qui est tout autant préjudiciable pour les hommes que pour les femmes. Et parvenir à ce que chacun s'épanouisse dans ses différentes vies, tant professionnelle que personnelle.

Bientôt un congé paternité de 16 semaines ?

Aujourd'hui, le congé paternité est de 11 jours pour les hommes (qui s'ajoutent aux 3 jours liés à la naissance) contre 16 semaines minimum pour les femmes. Deux jeunes papas sur trois le prennent. Mais l'on parle de plus en plus d'aligner la durée du congé paternité sur celle du congé maternité, notamment pour une question d'égalité professionnelle, comme le souligne un rapport de février 2012 établi par l'Observatoire de la parentalité* : →

* « Parentalité et égalité professionnelle hommes-femmes : comment impliquer les hommes ? »

« Le congé de paternité a apporté un "plus" aux hommes, mais a aussi permis de commencer à corriger un facteur de discrimination qui pénalisait les femmes. Si le congé de paternité se diffuse plus largement et voit sa durée allongée, les hommes et les femmes seront progressivement logés à la même enseigne. À terme, tout candidat au recrutement dans une entreprise qui sera en âge de procréer, homme ou femme, sera regardé comme susceptible un jour ou l'autre d'interrompre son activité professionnelle, de façon rémunérée, pour s'occuper d'un nouveau-né. »

D'autres voix se sont également fait entendre pour rendre ce congé paternité obligatoire. Et cela dans le même but : rétablir un regard plus égalitaire sur les jeunes parents… et inciter les jeunes papas à partager, dès le départ, les tâches familiales. Superpapa, la clé de l'égalité hommes-femmes : nous, on dit oui !

Les 7 règles d'or du super papa à ne jamais oublier

1 Je me fais confiance.

Car il n'y a pas de raison que vous y arriviez moins bien qu'un autre.

2 Je fais confiance à mon enfant.

Car vous avez fixé les règles principales. Pour le reste, laissez-le expérimenter le monde. Et apprendre l'autonomie.

3 Je suis solidaire avec sa mère.

Car vivre à trois (ou plus), ce n'est pas toujours une chose facile. Alors aidez-vous, déléguez, serrez-vous les coudes et évitez les reproches.

4 Je dis STOP quand il le faut.

Sinon c'est la porte ouverte au grand n'importe quoi.

5 Je pense à mon couple.

Ce n'est pas parce que vous êtes devenu père, et que votre femme est devenue mère, que vous n'êtes plus que cela l'un pour l'autre !

6 Je prends mon mal en patience.

Car oui, un jour, vous allez vous en sortir des couches, des siestes, des pleurs et des colères... Et oui, un jour, vous arriverez même à regretter cette époque bénie où il/elle ne découchait pas le soir !

7 Je n'oublie pas que j'ai eu une vie avant...

Si les soirées boîte de nuit avec les potes jusqu'à 5 heures du mat' vous manquent, rien ne vous empêche d'en organiser une... Pourquoi pas pour vos 35 ans, par exemple ? Peut-être vous rendrez-vous compte que, finalement, ce n'est plus vraiment votre truc. Tiens, vous ne seriez pas devenu papa, vous ?

Table des matières

SOYEZ MALIN !

La collection Malin,
c'est déjà plus de 100 titres au catalogue !

À vous les bons conseils, pour un quotidien plus doux
Retrouvez les vite sur notre blog :
www.quotidienmalin.com

Achevé d'imprimer par Novoprint
Dépôt légal : novembre 2013
Imprimé en Espagne